# 世界政治

## 進歩と限界

ジェームズ・メイヨール
田所昌幸【訳】

勁草書房

孫たちに

世界政治　進歩と限界

目次

# 第Ⅳ部　介　入　165

※　本文中の〔　〕は、訳者による補足である。

# 日本語版へのプロローグ

二〇〇〇年にこの書物をイギリスで出版してからのほぼ一〇年間には、劇的な出来事が相ついだ。それらの展開を念頭において、この書物の議論を再考する機会が与えられたことに感謝したいと思う。日本の読者にわたしの現在の考えを伝えるには、本書の全般的なアプローチを説明することからはじめるのがよかろう。わたしの考えでは、政治問題に関する自分の考えを広範な読者に理解できるかたちで伝えるには、だいたい以下の三つの選択肢がある。その第一は、政治行動に関する科学的な定式化されたモデルをつくることである。その背後には、時代の変化や物事の推移に耐える方法はそれしかないという信念がある。第二は、言説などしょせんはかないものだと認めて、消費者が何度も買いかえるようにわざと製品が長持ちしすぎないようにする耐久消費財の生産者のように、いずれ持たなくなることを承知ではやりの議論をすることである。第三は、われわれの生活を形づくる相当程度偶然による出来事を、長期間にわたって維持される価値や制度の枠組み（といってもそれもつねにさまざまな挑戦を受け変化するのだが）のなかで位置づけて理解しようとすることである。

本書、『世界政治――進歩と限界』を書くに際して、わたしがとったアプローチは第三のものである。そこでのわたしの主な目的は、冷戦後の国際社会をリベラルなかたちで変革しようとすることに、どれほど見込みがあるのかを検討することだった。国際社会という言葉でわたしが意味しているのは、主権国家によって組織される世界であり、それは諸国が戦争と平和のいずれの状態にあってもつねに接触を持ち続けることから生成されてくるものである。また国際社会とは国際法、外交、勢力均衡、国際機構などの制度でもあり、これらの制度は国家と国家の関係をやりくりしようとして歴史的に発展してきたものである。これらの制度を子細に検討すると、それは、歴史の偶然の作用もないではないが、すべて主権の原則とその論理的帰結なのである。

本書の議論は、簡単にいえば以下の三つの命題に要約できる。第一は国際社会の伝統的な概念のかたちは修正されてはきたが、共産主義の崩壊と冷戦の終焉によって根本的変化を迫られたわけではないということである。

第二の命題は進歩の限界に関するものである。冷戦後に試みられた主要な改革である国際社会の民主化は、二〇世紀終わりまで進展しなかっただけではなく、数々の倒錯《とうさく》した結果も生んだということである。民主的な政治文化を欠いておりしかも非常に分裂した社会では、選挙による政治を導入したことによってかえって暴政への道が開かれたり、まさに選挙が防ごうとした類いの暴力的紛争が引き起こされたりした。この種の倒錯した帰結の実例として、セルビアでミロシェヴィッチやトゥジマンが選挙で選ばれたことがある。ほかには、ルワンダでのジェノサイドをあげることができよう。

この書物で提起した第三の命題は、やや思い切った推論である。それは、政治的レトリックや進歩主義的な願望と、現実の動きや利益の世界が乖離《かいり》してしまい、その結果世界政治で危険な断絶が生じているのではないかということである。わたしは、このギャップが一種の「仮想的リベラリズム」によって隠蔽《いんぺい》されているのではないかと示唆した。これは伝統的な世界政治、というよりむしろ政治一般における偽善——それはいつも悪徳が美徳に払う敬意のようなものだが——の範囲を超えるもので、伝統的に必要とされてきた権力と責任の結び付きを危うくするにいたっている。一九九〇年代前半の国連安全保障理事会が、人道的大破局を終わらせようという意向を繰り返し示したが、それに必要な資源を提供したり、人道問題のもとにある危機を解決する真の政治的意志を示したりすることはなかったということは、よく知られている実例のうちの一つにすぎない。

このような結論は悲観的なものではあるが、シニカル（冷笑的）なものでも絶望的なものでもない。むしろこの書物の主たるねらいは、その秩序改革のビジョンが欧米のリベラルにとっていかに魅力的であるにしても、このような非現実的なソリダリスト的（連帯主義的）要求に対して、伝統的な国際社会のプルラリスト的（多元主義的）価値観を規範として支持する議論を提起することであった。新たなソリダリストとは違って、プルラリストは国際的にも国内的にも国際的な協力を進めるために単一の価値体系に従うことを求めない。どちらかというと、過去一〇年間の主要な出来事――二〇〇一年のニューヨークの世界貿易センタービルとワシントンの国防総省への攻撃、その後のアフガニスタンとイラクへの侵攻、その間新たなパワー・センターとして中国とインドが台頭したこと――は、プルラリストの議論を損ねるものではなくむしろ補強するものである。そしてこれらの事実が次々に積み重なることで、国際社会の基礎が揺るぎ、世界政治において物理的にも道義的にも危険の度が増したのである。

冷戦後の国際社会が直面した試練を以下の三点にまとめて順次検討してみよう。第一が多国間主義的秩序について、第二が政治的宗教とヘゲモニーの問題について、そして最後が新たな帝国的秩序についてである。

## 多国間主義の危機？

一九九一年の第一次湾岸戦争のあとに強国にも弱小国にも広がった多国間主義への熱狂ぶりは、いまとなっては思い出すのもむずかしい。そのような熱気は、本書でも分析する一九九〇年代半ばの国連の平和維持軍の屈辱的な挫折――スレブレニッツァでの虐殺事件、ルワンダにおけるジェノサイドはそのもっとも劇的な実例である――のために一挙にしぼんでしまった。だが、アメリカに対するテロ攻撃のあとには多国間主義が再度強まったようにも見えた。九・一一テロに対してはほぼ全世界的に憤慨《ふんがい》の声があがったし、国連と当然北大西洋条約機構（ＮＡＴＯ）も、非常に公然とアメリカ政府とアメリカ国民の側に立った。アメリカ政府の側も、以前からしばしば国連機関との関係悪化の原因となってきた、長期に未払いになっていた分担金を支払うことで、このような同情に応えた。しかしこのような関係改善は長くは続かず、マンハッタン南部に大きく開いた傷口が癒えないうちに、アメリカの政権は多国間主義的行動よりも、単独行動か、せいぜい少数の忠実な従属的同盟国との行動の方を選ぶことが明らかになった。

これは、部分的には国際社会の力の構造によるものと説明できる。たとえアメリカの政権が多国間主義的秩序を立て直すことを望んだとしても、それはむずかしかったであろう。アメリカの軍事分野での技術的優位は圧倒的で、アメリカがもっとも近しいNATOの同盟国とでさえ共同作戦を実行するのがますますむずかしくなっていた。またアメリカ内外のブッシュ政権の批判者たちは、大統領と彼の補佐官たちが意識的に国際世論を無視していると批判したが、その前の民主党のクリントン大統領も国際社会によって課された制約にがまんできなかった点ではほとんど変わるところはなく、一九九九年のコソヴォ介入ではすでに単独行動主義へ傾いていた。

アメリカの例外主義〔アメリカには他国とは異なる特殊な性質や使命があるとする考え方〕に何も目新しいものはない。アメリカの国連との問題は、アジア・アフリカの新独立国がつぎつぎに国連に加盟しはじめて、アメリカが国連総会で自動的に多数派になれなくなった一九六〇年代はじめにさかのぼれる。第二次世界大戦参戦以来のアメリカの外交政策のひとつの目的がヨーロッパ植民地帝国の解体だったから、これはいささか皮肉なことだった。このアメリカの行動を説明するのは、イギリスの植民地であった時代の政治家ウィンソロップがアメリカを「丘の上の町」に例えたという有名な言葉〔アメリカがキリスト教的な理想の国として世界から仰ぎ見られる存在であるという意味〕に示されているように、その経験がアメリカだけではなく人類全体のモデルであるという根深い信条に求めることができよう。冷戦時代にすら、同盟国がアメリカの政策を支持するのをしぶると、アメリカはしばしば自国法を域外適用しようとした。この傾向はいまも続いていて、たとえば最近では外国人保有のアメリカの海外子会社がイランと貿易をしたとして制裁を受けた。民主主義の時代が到来するまえに形成された、諸国家からなる国際社会という観念は、本質的にアメリカの体験になじまないものなのである。それでも冷戦終結前には、アメリカはソ連との恐怖の均衡に制約されていた。この意味で、アメリカはたしかにソ連と異なってはいるが、自分の意志に反して国際社会のメンバーとなったという意味では似通っていたのである。

アフガニスタンとイラクでの二一世紀初頭の二つの大規模な介入戦争が国連の権威を損ない、多国間的秩序の将来に疑問を投げかけたのはまちがいない。ただこのことの国際社会に対する影響はアフガニスタンとイラクで異なる。オサマ・ビン・ラディンをかくまいアルカイーダを支援したという理由で、アメリカはタリバン攻撃を開始したが、この行動は国際的に広く批判されたわけではない。むしろ国連もNATOも、どれほど実質的かはともかく、タリバンという反乱勢力を打倒しアフガニスタン全土を平定する努力に深く関与していた。そして、中ロといった西側に属さない国連安保理の常任理事国やインドやイランといったほかの地域大国はどのような疑問を胸に秘めていたとしても、アメリカと共通の利害をもっていたのでアフガニスタン攻撃を黙認した。

しかしながらアフガニスタン作戦は多国間主義を二つの面で弱体化させた。まずアメリカとその同盟国は、テロとの戦いの最前線と位置づけたこの紛争に本当に勝利できるものかどうか、またさまざまな民族がそれぞれ極度に独立しており、歴史的に国全体への忠誠よりも地域的・部族的な忠誠を優先させてきたこの国で、はたして民主主義が根付く可能性があるのかどうかは、まったく不確実だった。もしうまくいかなければ、この作戦はこれに加わった勢力だけではなく、国連の平和維持活動全体をじわじわと弱らせる効果をもつことになる。二つめは、地域同盟であるNATOをその伝統的な適用地域からはるか離れた場所で活用したことは、欧米世界の外部では概して正当性はないとみなされている、また同盟内部でもそもそも必ずしも高かったわけではないこの作戦への熱意が、時間とともに冷めてきたことである。

たしかにロシアはNATOがアフガニスタンで足をとられることに痛痒《つうよう》を感じないかもしれないが、この作戦の意図には強い猜疑心《さいぎしん》をもっている。また彼らは一九九九年のNATOのセルビア攻撃と、二〇〇八年はじめにアメリカと欧州連合（EU）が支持したコソヴォ独立宣言に強く反対している。そしてロシアはお返しとばかりに、グルジアからの分離主義運動が起こっていた南オセチアとアブハジアの独立を承認した。ロシアの主要な懸念は、彼らのみるところのNATOによる包囲作戦なのかもしれないが、すでに述べたロシアによる独立承認が欧米によって早期に追認される可能性は低く、国際社会がよって立つ領土保全を重視するというコンセンサスを弱める効果をもつのはほぼ不可避であろう。南オセチアとアブハジアはあくまでコソヴォとは異なる特殊なケースであると論じても、これらのケースを区別する根拠はおおむね見かけ倒しである。結局のところアフガニスタン作戦の効果は、正義をもたらすよりも国際秩序を損なうことになる可能性が高い。もちろん、中国もインドも自分が支配的な力をもつ自分の裏庭で起こる危機に対しては、多国間ではなく地域的なアプローチを好むであろう。

アメリカとどちらかというと雑多な同盟国の寄せ集めによる二〇〇三年の対イラク侵攻が、イラクとその国の人びとに望ましい長期的な帰結をもたらす可能性は、いまのところあまり高そうにはみえないが、そうなる可能性はまだある。だが、たとえこのような望ましい結果にいたったとしても、地球温暖化、民族紛争、宗教紛争、移民問題などグローバル化した世界にとってもっとも差し迫った課題に対応できるように国際社会を改革することに対しては、イラク侵攻の効果はほとんど全面的にマイナスであろう。

このようにわたしが考えるのは、以下のような二つの理由からである。まず、戦争法が大きく依拠している正戦論の伝統の観点からみると、イラク侵攻で戦争法の主要部分がはなはだしく軽視されるようになったからである。国際法は国際社会のもっとも基本的な制度である。イラク戦争が開戦法規（*ius ad bellum*）と交戦法規（*ius in bello*）の両方の基準を満たしていないことによって、少なくとも国際問題への法の適用に関する限り、法の支配という観念が損なわれた。開戦法規上の問題は、多国籍軍側が国連安保理の支持を得られなかっただけではなく、開戦理由としてアメリカが提示したものが誤りであったことが明らかになったことで、まったく明白になった。また、この戦争が交戦法規に沿って合法的に遂行されなかったことがしばしばであったために、侵攻した多国籍軍が自分を解放者として押し出そうとしても、敵対的な占領軍としてますます見なされるようになった。

二つめの理由は、国連システム、とりわけ安全保障理事会の権威が、第二次湾岸戦争から被った痛手から回復するのは困難だと考えられることにある。「進歩と限界」という副題を与えたこの書物で、わたしは国連がすなわち国際社会であるとは論じていない。それは、国連憲章によらないで行動することが正しいような状況が起こりえないとは、決してだれも断言できないからである。政治とは行動科学ではなく、良かれ悪しかれわれわれの下す決断によって結果が異なるというもっとも基本的な信念を反映しているものである。したがって、政治とは究極的には予言ではなく自由にかかわることとなのである。このような世界で、主権をもつ勢力は判断を放棄するわけにはいかない。

大多数の政府は、実に多くのことに合意するだろう。しかし、強国がしばしば利害を対立させるだけではなく、世界全体の運命に対してふつりあいに大きな影響力をもつ、複雑で多元的な世界では、国際協力のさまざまな可能性は強国の政策と容易に切り離すことができない。もし、第二次大戦直後や冷戦終結直後には全般的にそうだったように、これを正統なことと受け入れるのなら、国際安全保障と開発をめぐる根深い問題は解決に向かうかもしれない。しかし、もし正統性が失われれば、国際社会はいわば初期状況に回帰し、つねに信頼が欠如しているホッブズ的状態になるか、よくてせいぜい潜在敵対国がお互いににらみ合いながら共存するといった様相を呈するであろう。アメリカ主導の多国籍軍がイラク侵攻への承認を得ることに失敗したことは、ホッブズ的権力政治の特徴である正統性欠如の表れであると広く解釈されているのである。たとえ国連が多国籍軍との関係をなんとか修復して、今後イラクの再建と民主化に国連が主要な役割を果たすことに合意しても、もっと悪いことに、そうなると今度は国連がただちに反乱勢力の攻撃対象になってしまう。二〇〇三年八月にバグダッドの国連事務所が攻撃されたが、そのメッセージはいたって明確である。いまや国連は欧米勢力の政策の手段になったのだから、正統な攻撃目標になったということである。この惨事に対する非難や多国間的秩序をあくまで理想とする主張は多方面から寄せられたが、コソヴォの独立承認やグルジア、イランの核疑惑、世界貿易機関（WTO）のドーハ・ラウンド多角的貿易交渉など、多くの問題が行きづまり状態にあることから判断すると、多国間主義を守るため国際社会が団結を強めていることを明白に示す材料はない。

### 政治的宗教の台頭

本書には暗黙の前提があった。それは、ほかの何が変化しようとも現代の国際社会の本質的に世俗的な枠組みには変化がないだろうということであった。わたしはどちらかといえばいまでもこの前提を維持するが、イスラム原理主義者による欧米への攻撃だけでなく、それにとどまらない政治的宗教の復活がみられ、それによって世俗的枠組みは本書執筆時点よりずっと不安定なものになったことは否定できない。

諸国家からなる現代の国際社会とそこから派生した二つの主要な制度、つまり国際法と外交システムは、おおむね西洋でつくられた。宗教戦争を禁止した決定——それは一六四八年のウェストファリア条約で最終的に明示的に認められたが——によって、国内ではともかく、国家間の関係では宗教は脱政治化された。西洋ではそれが、ヘドレー・ブルの有名な著書のタイトルである『政府なき社会』が発展する条件を形成したのである（Hedley Bull, *The Anarchical Society: A Study of Order in World Politics* 3rd ed., Macmillan, 2002）。『政府なき社会』という言葉でブルが言おうとしたのは、ある種の緩やかな価値の共有にもとづいている、主権国家からなる組織的な共存のシステムである。そこで共有されている価値には共通の宗教を信奉することは含まれていない。現在世界中の政府によって認められている世界人権宣言にある、すべての宗教はわれわれ人類共通の人道の観念にもとづいており、そこに宗教的寛容へのコミットメントを含意している、という考え方まで反映されているかどうかには議論の余地がある。ともあれこのように国際社会を概念化したので、西洋が優越していた時代にはその文化的・精神的なよりどころに触れるような問題を避けることができ、西洋の帝国主義の展開にともなって、帝国主義戦争や帝国主義勢力が支配していた相互依存的な世界経済発展が徐々に発展した結果、世界中に広がった。

中国その他の新たなパワー・センターの台頭によって、ことによると西洋に発想の起源のあるこの世俗的な国際秩序に対するコンセンサスは弱まるかもしれない。といっても、そうなる必然性があると考えているわけではない。その理由は、もともとその秩序が基礎にもっていた特定の文化的価値よりもむしろ国際関係に内在する論理に関係している。多文化的・宗教的共存は、世界中の国々の圧倒的大多数にとっては、自らの選択の結果ではなく単に所与の条件なのである。たとえば人口の八五パーセントがヒンズー教徒であるインドのような国ではいささか奇妙な話だが、多文化主義はイスラム的一神教と世俗主義的リベラリズムに対する防御的イデオロギーなのである。他方、中国の公式イデオロギーは、文化大革命のときよりもはるかに寛容になったが、それでもウイグル人やチベット人の宗教に触発されたナショナリズムにいっさい譲歩をしようとはしない。ヨーロッパ人はきびしい経験のすえに、宗教と権力政治の混ざりあったカクテルはとりわけ危ないもので、そこから起こる戦争に勝者はいないことを学んだ。世界政治の重心が西洋から東洋に移動する際に、この教訓が無視される可能性もないではないが、その可能性は低いように思われる。実際、西洋世界外部でもっとも宗教的色彩の強い紛争であるインドとパキスタンのあいだのカシミール紛争で、宗教的情熱が紛争を制御不能にしてしまわないようにするという両国の決意のほどには驚くべきものがある。

それでも、国際社会には帰結がどうなるか見通しのつかない二つの宗教的挑戦がある。ペンテコステ派のキリスト教は世界の各方面に進出していて、そのなかに当然含まれているアメリカでは宗教的右派が共和党の非常に重要な支持母体になっている。イスラム原理主義者同様、キリスト教原理主義者は自分たちがあらゆる人びとに妥当する啓示による真理を手中にしていて、それゆえ可能なときにはいつでもいかなる可能な手段を使ってでも、その真理を広める義務があると信じている。彼らの目標も魅力も似通っている。キリスト教であれイスラムであれ熱狂的傾向とでも呼ぶべきものは、伝統的価値観と近代的生活の物質主義を攻撃目標にしていて、社会から周辺化された人びとに訴えかける。もしキリスト教原理主義の方が多少なりともイスラム原理主義よりも脅威の度合いが小さいとするなら、事実上世界最強国がスポンサーになっているので何も非対称戦争——それは伝統的に弱者の戦術である——をはじめようという気が起きないことと、キリスト教の伝統には「カエサルのものはカエサルへ、神のものは神へ」という格言にあるように政教分離の原則が織り込まれていることにもその理由の一端があろう。だがこのような伝統も、キリスト教の宣教師が帝国主義国の軍旗《ぐんき》のあとをついて行くことを妨げはしなかった。そうなると、いまわれわれが目にしている韓国や南米などさまざまな場所で起こっている改宗行為の光景は、国家がスポンサーとなって（あるいは少なくとも保護して）いる布教活動の現代版ではないかとも考えたくなる。しかし依然として政教分離の伝統は、民間の集団が武器を手に国家に立ち向かって神の御業《みわざ》をなそうとすることに対する制約として作用しているのではないだろうか。

二番目の宗教的挑戦は、イスラムのテロリズムである。イスラム世界では、国家のもつ世俗的正統性はほかの世界に比べて脆弱《ぜいじゃく》である。そして過去一〇年間にわれわれが目撃したように、現代世界では移動が容易で経済がグローバル化しているために、民間グループが国家と、国家に基礎を置いている国際秩序を攻撃するのに好都合な環境が出現している。そして諸国の政府とその軍隊、そして国際機関がみなテロの脅威につねに悩まされているが、実はイスラム諸国の政府は、ほかのどの地域の政府よりもこれに悩まされている。このこと自体は驚くほどのことではない。というのは、アルカイーダやほかの原理主義グループはアラブやその他のイスラム世界の政府こそが欧米に身売りをし、その過程で自分たち人民とその信仰を裏切ったと信じており、よって最優先の攻撃目標であるとしているからである。もし、西洋文明を破壊しその代わりにカリフ制による正義の世界帝国を復興するという、原理主義グループのレトリックを額面どおりに受けとれば、たしかにわれわれは危機感をもって然るべきだろう。原理主義グループの信者にとって、自爆戦術は自分たちが攻撃する世俗の諸目的に対する道徳的優位を表すものなので、この戦術をやめさせるのは非常に困難である。こう考えると、殉教《じゅんきょう》して遠い未来において勝利しようとする敵には、軍事的な威嚇は抑止効果をもちそうもないので、テロに対して戦争を宣言するのは、まったく不十分な対応である。

しかしながら、イスラムのテロリズムは一九四五年以降の多国間的秩序が基礎をおいていた価値観のコンセンサスを弱めることに寄与するかもしれないが、それが諸国家からなる国際社会に対して深刻な脅威となるのか疑問に思う理由が、少なくとも二つはある。まず、どんな私的な政治集団に、領土的基盤や主要国にしか入手できない資源をもたないで長期にわたって運動を維持することができるのか、大いに疑念があることである。過去にも、バーダー＝マインホフ〔Baader-Meinhof：一九六〇年代末から七〇年代に活動したドイツ左翼過激派集団〕や赤軍派のように国家をもたないイデオロギー的な無政府主義集団がテロに訴えたことがあるが、結局彼らは丹念な諜報活動と警察活動の組み合わせで、その活動が犯罪とみなされるようになり、彼らが依存している一般へのアピールという酸素を徐々に絶つことに成功したので、時間はかかったが退けることができた。ジハーディストが最終的に同じ運命をたどるかどうかは明らかではない。だがもしそうならなければ、それは彼らの側の努力によるものというより、欧米の主要国が理解できない現象と苦闘しているあいだに、自分たちの立憲的自由やその他の市民的自由を危うくすることが原因になるだろう。

ジハーディストの脅威が長期的に深刻であり続けることを疑う二番目の理由は、たとえ彼らがいくつかの国家の権力中枢を支配したとしても、過去の革命運動が自分たちのイメージにあわせて世界を作り直そうとしたときと同様に、彼らはすべてを支配しきれないこの世界で、自分たちの人民の願望を満足させるために生活の糧《かて》を得る必要に、やはり制約されるだろうということである。時事的な例をあげるなら、欧米で強力なイスラムのテロリスト国家の代表として、悪魔のように描かれることが多いイランを考えてみよう。もしイランの指導者が自国の独立に対する実存的脅威と信ずるものと直面したら、ホルムズ海峡を封鎖し、その結果を甘受することにほとんど疑問の余地はない。しかし、イランの指導者がこういう帰結を招くような挑発をあえてするとも考えられない。なぜなら、イランの石油輸出はすべてホルムズ海峡を通るので、そんなことをすればこれが完全に止まることになるし、その石油の大部分がイランとしてはなんの恨みもない東洋の国に売られているからである。

## 帝国か諸国家からなる社会か

最後に、諸国家からなる国際社会が直面する三番目の試練——多くの論者が新たな千年期がはじまって以来指摘してきたこと——について述べよう。おおざっぱにいえば、アメリカの政治文化の建前をほんの一皮むけば、危険な誘惑が潜んでいて、アメリカ人はもはやそれに屈しているか、そうなる寸前だというのである。つまり、唯一の超大国アメリカは、あまりにも卓越した地位にあるので、アメリカの国益と国際的な公益の区別がつかなくなっているということである。アメリカが世界中の問題に関与し、過去二つのアメリカの政権——ひとつは民主党、もうひとつは共和党だが——が必要とあれば国連安全保障理事会の授権なしに武力を行使する意志があることを明らかにしたにもかかわらず、ほとんどのアメリカ人は自分の国を帝国的パワーだとは見なしていないことから、アメリカ対外政策の分析はいっそうわかりにくくなっている。どちらの政権でも、アメリカは自分たちの政策は国際社会のソリダリスト的な目標を追求するためのものであるとして、自分自身もそして自分たちのもっとも近しい同盟国も納得させようとした。クリントン大統領の国家安全保障問題担当補佐官だったアンソニー・レイクが語ったように、アメリカの行動目的は、自由市場経済と民主的統治の地域を拡大し、それによってすべての人民が最終的にアメリカ人には当然の自由を享受できるようにすることである、とされている。

一九四三年、ウィンストン・チャーチルはハーヴァード大学から名誉博士号を授与されたときの演説で、「未来の帝国は人の心を支配する帝国となるだろう」と予言した。チャーチルの言葉は、おそらく彼自身の言おうとしたこととは違っただろうが、将来のいかなる世界秩序も統治されるものの同意にもとづいたものになるという意味だと解釈された。それはクリントン大統領がコソヴォの「解放」を命じたときに信じたことであり、またブッシュ大統領がイラク大統領のサダム・フセインを排除しようとしたときに主張したことであった。どちらの場合も、アメリカ大統領は時のイギリス首相のトニー・ブレアから熱狂的に支持された。またブレアは一九九九年のシカゴでの演説で、自国政府による人権侵害の被害者を保護する責任としてそれ以降知られるようになった政策の大枠を提示した。

ソリダリスト的国際社会観、つまり国内秩序だけではなく国際秩序も立憲主義的に定義すべきであるという考えを提唱する論者に、人道的介入あるいはイラクのようにより直接的な政治的介入がもつ帝国的含意を受け入れる覚悟のある人はいない。しかし国際社会を捨てて、過去の帝国をモデルとするような即席の歴史を書こうとする誘惑は避けねばならない。このような誘惑は、二〇〇三年にアメリカがイラク侵攻の先頭に立ったときには大変強かった。もしいまではそれにそれほど真実味がないとするのなら、その理由の一端は、ブッシュの後任となった大統領は国内的な理由から、ホワイトハウスの彼の前任者——その人気は職を離れるころには史上最低の水準に落ちた——との相違を際立たせる必要があることにある。しかしイラク侵攻から六年を経て、中国やインドの台頭によって国際社会の全景が変化したのも理由のひとつである。とくに中国はアメリカ経済に強い影響力をもつため、アメリカがつくろうとする国際秩序をすべて受動的に受け入れることは、もはやないだろう。実際北朝鮮の核危機で明らかになったように、アメリカは中国の支持がなくてはアジアでは容易に事態を操作できない。中国もインドも当面軍事的にアメリカに挑戦できる立場に立つ可能性は小さいが、欧米が好むと好まざるとにかかわらず自分たちの地域でますます自己主張を強める公算が大きい。

ことによるとわれわれは大国が競合しあう時代に入りつつあって、冷戦である程度中断したものの一九四五年以降の国際社会を特徴づけてきたより協力的な関係への方向性に代わって、ヘドレー・ブルが「共存の法」と呼んだシステム内の関係が優勢になるのかもしれない。もちろん断言するにはまだ早い。中国やインドが世界的大国にのし上がるにつれて、このアジアの両大国が新たな国際秩序を形成するために自分たちの文化的価値を外部に投射しようとするかどうかは不確実である。そうなると考えるのは論理的だが、両国の台頭は欧米的な方向への近代化過程と密接に結び付いているので、歴史のこの段階でこの両国がどのような変化を望むのかは予測しがたい。

# 謝辞

このように短い書物を書くのにも、ここに記しきれないほど多くの方々にお世話になった。本書に取り組みはじめたのは、わたしがまだＬＳＥ（London School of Economics and Political Science）の国際関係学部で教えていたころで、歴代の大学院生たちが本書のテーマに対するわたしのアプローチを組み立てるのを助けてくれた。ＬＳＥでのわたしの友人であるマイケル・ドネラン、ロジャー・ホームズ、故フィリップ・ウィンザーの三人とは、三〇年以上にわたって世界情勢とそれに対する不満を語り合ってきたが、彼らにはとりわけ多くを負っている。本書を書き上げたのは、ケンブリッジ大学の国際問題研究センター（Centre of International Studies）である。ここでも同僚や学生たちが、つねに知的刺激や活力の源になってきた。

本書の、第4章、第5章、第6章および第9章は、「ポリティカルス・スタディーズ」誌（*Political Studies*, 47/3, Special Issue 1999）に、「主権、ナショナリズムおよび自決」としてすでに発表したものを発展させたものである。第7章、第8章の初出は、「インターナショナル・アフェアーズ」誌（*International Affairs*, 76/1, January 2000）に書いた「民主主義と国際社会」であり、第10章と第11章はアルブレヒト・シュナーベルとラメッシュ・タクールの編著（Albrecht Schnabel and Ramesh Thakur, eds. *Kosovo and the Challenge of Humanitarian Intervention: Selective Indignation, Collective Action, and International Citizenship*, Tokyo, United Nations University Press, 2000）に収められている「人道的介入概念の再考」である。それぞれの出版社が原稿の再録を許してくれたことに感謝したい。

最後に、ケンブリッジ大学のシドニー・サセックス・カレッジが一九九八年にわたしをフェローとして迎え入れてくれたこと、そしてアルバーティナ・コッチがレニャーノに滞在する機会（それがなければとても本書の仕上げの編集作業を終えられなかっただろう）を与えてくれたことにも感謝しなくてはならない。そして妻のアヴリルは、深刻ぶらずに、いつもわたしを支えてくれた。だが本書の欠点の責任はすべてわたし一人にある。

# プロローグ

## 千年紀で考える

二一世紀からはじまる千年期の意義に対しては、懐疑論が盛んである。コンピューター技術者はいまやわれわれの生活のすみずみまで支配しているが、二〇〇〇年問題を回避する仕事を見事にやってのけた。黙示録的な結末に備えていた人びとは、心配する必要はなかったのである。新たな千年期を祝うお祭り騒ぎ――ロンドンの街路に散乱したシャンペンの空瓶は二〇トンにおよんだ――のあとかたづけが終わって一夜が過ぎても、世界にはほとんど何の変化もなかった。人類が直面している問題もその展望も、何も変わってはいない。

それでも新たな千年期は、世界情勢を再検討するための出発点としては最適であろう。これまでもわれわれは、暦《こよみ》を無視しては、人間をとりまく問題やその展望について意味のある説明をすることがどうしてもできなかった。世界中のほとんどの文化で、人びとは決まった時期に祝祭を行って一年を区切っている。また、同様に世界中のほとんどの文化で、天体の運行や数学の助けによって暦を操ることのできる者に大勢の人びとが従ったが、それはおそらくわれわれがみな、密かに自分たちの運命についての何らかの洞察を探しているからだろう。ジュリアス・シーザーからインディラ・ガンジーさらにはロナルド・レーガンにいたるまでの支配者たちにも、われわれ同様、予言者をまわりに置きたがる傾向があった。しかしわれわれはありふれたことのためにも暦が必要である。われわれは、移動するための道や住むための家がなくてはならないのと同じくらい、暦なしには自分たちの生活を社会的にも個人的にも組織できない。というわけで、国際社会の発展と、現在の願望と不満を観察するためのいわば展望台として、この千年期のはじまりを利用することに、くだくだといい訳がましい説明は不要だろう。

それでも千年期を、大局を見渡すための展望台として扱うことに問題があることも認めておこう。千年期は現代世界を表すのには極度にあいまいな象徴である。一方で欧米の考え方では、千年期(Millennium)はキリスト教の千年王国説(Millenarianism)を通じた熱狂の政治——つまり失われたり裏切られたりした正義の原則にもとづいて世界を再生しようとする人びとの楽園願望——と結び付いている。他方で、千年期は欧米の普遍主義、あるいは物語の語りようによっては欧米の傲慢《ごうまん》のトレードマークでもある。仏教は例外かもしれないが、主要な世界宗教はみな、それぞれの理想社会を求める原動力になっている千年王国説的な運動を生んできたのは確かである。この点はマルクス主義も然りで、それは没落するまで、世俗的なかたちで世界宗教と同じ役割を果たすものだと多くの人びとに見なされていた。しかし、そもそも「世界」それ自身も、ある意味キリスト教的な物語なのである。世界がキリスト教の暦によって秩序づけられ、それによって一つの世界共同体に結び付けられているのは、まったく実利的な目的のためだというべきなのだろう。

## ポジティブサムの世界観へ

というわけで、千年期が国際関係の研究者に提起する問題は、おおむね以下のようなことなのである。国際関係を歴史的ではなく比較社会学的観点からみれば、社会的・宗教的な違いを越えた人間の行動パターンを観察できるかもしれない。このタイプの分析によって、たしかにわれわれは共通の問題に光を当てることができる。しかし、生身の人間の生活から情熱やドラマを奪ってしまうという代償をともなう。それを避けるには物語を語る以外にない。ただし、もしわれわれの関心が過去二〇〇〇年間の枠組みの物語にとどまれば、それが世界の多くの人びとにとって精神的に深い意味のあるものではなく、よってその時間の枠組みが世界のどこでも共感を呼ぶといったことは期待できまい。実際、この二千年の物語は西洋文明の優越性を誇示するようなかたちでも語られうる側面をもっており、反西洋的な千年王国論的運動の火に油を注ぐようなものかもしれない。冷戦のあとには文明の衝突が続くというハンチントン教授の文明の衝突論を受け入れるまでもなく[1]、反西洋的運動のエネルギーが放出され、それが西洋の膨張とともに発展した国際社会の構造や制度に挑戦するだろうと予測するのは十分に可能である。現実にすでにそうなっているのである。

このような熱狂の政治では、その草の根のレベルのものだけではなく、知識人のレベルの変種もある。千年期は、学問の世界では脱構築の絶好の対象として取り扱われるのは確実だろう。西洋と世界が同義語ではないという発見によって、知的な意味だけではなく政治的な意味でも多岐《たき》にわたる影響が生じた。世界が単一の経済的・政治的システムに統合されつつあった一七世紀から一九世紀の時代には、哲学者や科学者や帝国の建設者といった責任ある人びとは、文化的であれほかのかたちであれ相対主義に思い悩む必要はなかった。最初彼らは、つねに勝者と敗者しかいない、比較的単純な重商主義的世界観にもとづいて行動していた。この観点から見れば、戦争と貿易の違いは程度の差にすぎなかった。その後彼らは、人類共通の合理性という考え方を発展させた。経済学では、彼らは利潤を追求する動機と開かれた競争とによって、人間の悪徳は美徳へと変換できることを示そうとしてきた。政治学では、あらゆる人間が人間であることによって享受する人権というものが存在すること、そしてそれは単なる特権ではないことを発見した。

以上のような発見によって、みなが利益を得ることができるという合理主義者のもつポジティブサムの世界観が、それより前のリアリスト的なゼロサム的な普遍主義にとって代わった。個人にせよ国家にせよ、だれかの利益がほかのだれかの不利益になるということがかつては受け入れられていた。もっとも、新たな世界観でも、みなが利益を得るにしても、同じ程度に利益を得るわけではなかった。しかしそれでも、この世界観は協力を説明する論理を提起し、社会発展の世俗的イデオロギーの基礎を築いた。また同時にそれは、ある難問も生み出した。個人の人権や集団的な自決という同様の基本的権利をもつ至高にして平等な人間からなる世界で、少数の有力な国家が事実上世界の領土を囲い込み、自分たちで分割してしまうことを、正当化はおろか説明することもできない。イギリスとフランスの二国が、この囲い込み競争の最終段階で火花を散らしていたのだが、この二国こそそれぞれ産業革命と啓蒙思想の発祥の地であり、よって普遍主義的な合理主義の元祖のような存在だったので、問題はいっそう解きがたいものになった。

### 見えてきた普遍主義の矛盾

この問題はとうとう解けなかった。結局、この問題には解がないという認識は、二つの世界大戦のあとにヨーロッパの帝国主義的勢力が撤退したことにも、何かしら影響を与えていた。しかし一九世紀と二〇世紀初頭には、進歩の教義の名のもとに、進化論が西洋の支配を守ろうとする者たちの助けとなった。彼らの考えでは、ヨーロッパの帝国主義は未来の世界文明を具現化したものだった。だがこのような社会ダーウィン主義は、少なくとも西洋の文化的支配のまっとうな擁護論としては、第二次世界大戦の身の毛もよだつ大惨事をまえに生きのびることはできなかった。しかしほとんど同時に起こった冷戦によって、非ヨーロッパ的な価値体系や、それにつながる文化的相対主義の問題は、国際政治をめぐる議論の周辺に追いやられたのである。一九八九年以降になってようやく、われわれの現在の経済的、社会的、そして政治的な物事のやり方に対する認識論的な不安が、世界政治の研究にとって重要な意味を持ちはじめたのである。

反基礎付け主義（anti-foundationalism：世界に関するわれわれの知識を支える事実や真理には、確固たる基礎がないという考え方）は、人文科学のほとんどの分野にずっと以前から侵入していたが、この観点（ほかの観点でもそうだが）からみると、国際政治の研究はいわばゆがんだ時空間にあったようなもので、核の手詰まり状態につきまとう危険によって、いわばほかの知的潮流から隔離されていたようにみえる。しかし、世界政治にいまさらそれを適用することは、とりわけ不適切のように思われる。国際政治は偶然に左右されるので、政治家がどのような信念を持とうとも、その信念が普遍的に共有されていると前提することは事実上できないことが世界政治の基本的状態だということだけをかんがみても、そうなのである。実際に国際関係の基礎に据えられたのは、そもそもやっかいな交渉の結果であり、つねに変更の可能性のある暫定的な性格のものであった。国際法の基本的原則である「条約には拘束力がある（*pacta sunt servanda*）」には、「条件に変化がないこと（*rebus sic stantibus*）」というただし書きが付くのである。

## ポストモダニズムの問題性

このように見てみると、ポストモダン的手法の国際分析に可能性があるように見えるかもしれないが、ポストモダンの物語はあまりにもさまざまな観点から語りうるので、どれもはっきりとした権威を確立できない。これらさまざまな物語にはみな同じ価値があるとされるだけではなく、かつてキリスト教やイスラムが提供したような、さまざまな物語を包摂するメタ・ストーリーもない。

言い換えれば、人間のさまざまな経験をまとめたり統一するのに使える一般的な図式が何もないのである。

本書の立場は、ポストモダンの議論に従うのは危険すぎるし不必要だ、というものである。ユートピア的な熱狂は非寛容な排他主義や攻撃的な攘夷《じょうい》論へと容易に転化するので、政治的には危険である。同時に何でもありの相対主義も、知的にはそれと同じでその危険性も類似している。それは一方で、ごく少数のその道の専門家とその他大勢のわれわれとを隔てるし、他方でそういった専門家の知っていることといえば、主観的な経験以外に知るに値するものは何もないということなので、彼らは潜在的にはどんな政治家にも喜んで雇われるからである。

古い世界を脱構築すると、人類の状態が必ず改善するという考えはばかげている。どうしてそうならないといけないのだろうか。もしその答えが、経済や政治秩序の腐敗を暴露しないと正しい世界秩序を再構築することができないからというものなら、その解決法に特段何の新しいことはない。多数のマルクス主義知識人やリベラル知識人は、ずっと昔にこれと同じ結論に達した。われわれはリベラルや社会主義者にと同様に、ポストモダニストたちに新しい秩序がいったいどんな原理にもとづいて構築されるのかを尋ねてみる権利はあるだろう。これを自明だとみなすのは、学界のユートピア的詭弁《きべん》にすぎない。他方でもし答えが、原理も、アイデンティティも、対立する道徳的主張のうちからどれかを選ぶ合理的な方法も、その他何もかも定まったものはなく、すべては浮動しているというのなら、いったいわれわれはどうやって議論に入ればよいのだろうか。というより、そもそも議論する値打ちはどこにあるというのだろうか。

ポストモダンの相対主義は不必要でもある。それは、人間のつくりあげる制度というものが、ひとたびその文化的な基礎が暴露されるともたなくなるか、あるいは少なくとも権威が非常に衰えると仮定しているように思えるからである。たしかに制度の起源はその後の歴史的発展を大きく左右するだろう。だが、だからといって、外部の影響によってまったく修正されないとは言えない。どんな文化も、その深い部分ではさまざまなものの混合物である。多くの国々で宗教的な原理主義が再登場しているからといって、異なった文化間で議論することや相互に許容しあうことが不可能だということにはならないし、ある知識はそれが発展した特殊な環境の外では適用不可能だということにもならない。また国際法の戒めを無視して実力を行使しようとする人びとがいるからといって、国際法が欧米の文化でしか通用しないということにはならない。もし文化が完全に閉じた体系なら、法はおろか近代国家もできなかったはずである。

## 冷戦後国際社会の問題

「ピレネーのこちら側で正しいことは、あちら側ではまちがいになる」。パスカルはこのように適確に問題を言い当てたが、ではどうするのかは示さなかった。一九八九年以降文化的政治的な多様性が、国際社会の場で再浮上してきた。それは、この書物で主たる焦点となっている、相互に密接に関係し重複している三つの論争のかたちをとって現れてきた。それは、主権、民主主義、そして介入に関する論争である。より正確にいえば、これは主権の意味とその有意性、つまり主権が民族のアイデンティティや自決の原則に関するものであり、また民主主義が世界秩序の基礎であるべきで、そのコロラリー（当然の結果）として民主化が紛争解決の目的であるとともに主要な手段であるとする主張に関する議論であり、また単に攻撃を防ぐだけではなく内戦の解決のために外部の武力を利用する可能性（ただし介入が正当化されるにはそれが人道目的でなくてはならないという前提があるが）に関する議論である。しかし以上のようなテーマに向かうまえに、三つの問題を考えてみるのが有益だろう。国際社会論の理論的論考で直接間接に語られてきた問題として、以下の三点は依然として論争の背景を形づくっている。第一の問題は、国際社会とは何かということである。そして第二の問題は、だれが国際社会のメンバーかということである。第三の問題は、国際社会の境界がどこなのかというものである。おのおのの疑問に答える際に、まず伝統的な理解について考察することから始め、それから主として二〇世紀の展開や冷戦終結後に現れてきた新たな課題によって、国際社会がどのように修正されたかを検討しようと思う。

# 第I部

# 国際社会

# 1 起源と構造

## 「領主の宗教が領民の宗教となる」

国際社会の起源は、通常はキリスト教の暦《こよみ》の第二の千年期のなかごろにさかのぼるとされている。ヨーロッパにおける宗教戦争のあとに発展してきた外交的、法的慣行によって、国際政治における理性、利益、そして思慮分別の役割が高まり、情熱に訴えかけることは下火になった。こういった帰結が得られたのは、一六四八年に交渉のすえウェストファリア条約で、それぞれの領域における究極的な権威の源泉は主権者であることをそれ以降認めることに合意したためだった。*Cuius regio eius religio*, つまりおおまかに言うと「領主の宗教が領民の宗教となる」というこの原則は、宗教的寛容の一般的な布告ではないが、現代の不干渉原則の原型だった。おそらく、それなくしては国際協力の一般的な体系は発展しなかったであろう。宗教上の信念は、少なくともキリスト教の君主のあいだでは、もはや正当な戦争理由とは考えられなくなった。この意味で、彼らが主権を相互に承認したことで、人間の営みにおける終末論的衝動が強く抑制されるようになったのである。

この定式化された主権という原則を基礎に、専門化した外交や国際法の枠組みといった国際社会のほかの制度も洗練されていった。ウェストファリア以後のシステムには、主権原理に加えて、いちおう以下の三つの要素があると考えられる。それは勢力均衡、システムにおける大国の特殊な役割、および戦争の位置づけである。

**勢力均衡による秩序**

もし伝統的な国際社会の直接の起源が一つの平和条約にあるにしても、より長期的な視点からみると、それは世界帝国の観念を継承したものでもある。この世界帝国という観念の背後には、ローマ帝国（それは、その後キリスト教世界の統一という観念を生んだ）から長い影が伸びている。これらの観念が力をもつかぎり、社会的政治的な階層性と、結果として重複はあるが分化した管轄《かんかつ》権を維持することが好まれたのである。封建的秩序に比べれば、主権国家から構成される新たな国際社会は、少なくとも理論的には平等であった。だが当時も現在同様、実際には国力も影響力も国家によって大きく相互に異なるので、国家間関係を秩序づける原理として階層的原理に代わるものはいったい何なのかという問題が出てきた。

この問題に対して多くの理論家が好んだ解答は、勢力均衡である。この原理は恐ろしく便利にかたちを変えるので、ほとんどどんな政策の正当化にも使えてしまう(1)。「勢力均衡」政治にもっとも深くかかわったのは大国であり、軍事的な対抗関係で優位に立とうとしたり、必要とあれば小国の犠牲のうえに外交的なバランスを保とうとしたりした。いずれにせよ、国際システム全体を全面戦争状態に引きずり込むことができたのは、こういった大国だったのである。もしそうなったら、地域レベルから国際レベルにいたるまでの法の支配をはじめとする世界の仕組み全体が危機にさらされたであろう。大国には特殊な責任があると考えられたのである。結果として大国には、秩序のためには法の上に立つ権利が自分にはあるのだと主張する傾向があった。

よって階層性は、権利ではなくパワーの観点からではあるが、国際関係の秩序に、こっそりと織り込まれたのである。主権の上位にはいかなる権威もないので、戦争を戦う権利を制約するものは、唯一主権者が合意したものだけだった。このようなかたちでも、戦争は（そもそもその破壊的な影響によってこのような国際システムが生まれたのだが）、利益の対立にケリをつけるだけではなく、国際秩序を維持するためにも究極的なメカニズムとして制度化されたのである。

### 国際社会をめぐる理論

このいささか楽天的な説明だけで国際社会を論ずれば、主権国家の関係の全体像を把握しようとする試みにつねにつきまとってきた知的論争を無視することになってしまうだろう。ほとんどの論者は国家と国家の協力、つまりは国際社会の存在可能性について、おおむね三つの解答を与えてきた。これらはいろいろな名前で呼ばれてきたが、政治的リアリズム、リベラルな合理主義、そして革命主義の三つに分類するのが便利だろう。[2] リアリストにとっては、国際社会は存在しない。そして万人の万人に対する闘争を抑制する要素は、用心深い自己保存の原則だけである。合理主義者によれば、国際社会は存在するが国内社会とは違った種類の社会であり、同じ基準で判断されるべきではない。革命主義者にとっては、国際社会は人類の連帯によって国内政治の状態と同じようになってはじめて出現するだろう。言い換えれば、国際社会とは統一された国家のことであり、またそうあるべきなのである。

現代におけるもっとも傑出した国際社会の理論家であるワイトもブルも、これらのラベルが理念型であり、実際にはこれらの知的立場は互いに色合いが連続的に変化して混じり合っていることを注意深く指摘している。これらの立場は、厳密にいえば、これかあれかという関係にはなく、いかなる時代や場所でも（そして一人の人間の心のなかでさえ）共存する。ただし、たとえば冷戦期には米ソ両陣営でリアリズムが有力になったように、特定の場所や時代である立場が有力になることはあるといってよいだろう。ここでのわれわれの目的のために留意しておくべきことは、三つのそれぞれの立場を貫くプルラリズム（多元主義）とソリダリズム（連帯主義）という基本的な区別が存在するということである。プルラリズムという言葉でわたしが言おうとするのは、国家は個人同様さまざまな利害や価値をもちうるし、また実際に大体はそうなので、国際社会とは諸国がどちらかといえば調和して共存できるようにするための枠組みの構築に限定されるという考えである。プルラリズムの立場が見境のない相対主義と異なるのは、あらゆるとまではいかなくても、だいたいの対立する価値をその枠組みのなかで許容していくことが可能であると認識していることである。ソリダリズムという言葉でわたしが意味するのは、人類は一つであり、外交の仕事とは利益や価値の潜在的で内在的な一致を、現実のものへ変換することだという見解である。プルラリストにとっては、国際社会をほかの形態の社会的組織と区別する一つの特徴は、その手続き的、それゆえ非発展的な性格である。他方ソリダリストは、国際的な構造が変革し、単一のものへと収束する可能性を信じている。以上のような二つの異質な協力のかたちのあいだに、ダイナミックな緊張があることを認めないのは、極度に急進的で独断的な革命主義者だけだろう。この緊張を解消しようという努力が、二〇世紀を通じて国際レベルで繰り返されてきたのである。

## メンバー資格と境界

こうした努力について検討するまえに、すでに提起しておいた二番目と三番目の問題に簡単な考察を与えておこう。それは、国際社会のメンバーはだれで、その境界はどこなのかという問題である。国際社会が定式化された当初は、メンバー資格の問題について迷うことはなかった。だれが主権を行使し、どのような場合に主権を喪失するかについては議論の余地があったが、国際社会は主権者からなる社会であり、人民からなる社会ではないとされた。そして主権者に統治される個人は、自分自身としての国際的な権利をもっていないとされた。ある国で迫害されれば、クロムウェルが護国卿だった時代にユダヤ人がイングランドにやってきたように、他国に逃れることができたもしれないが、それができるかどうかは法律というより政治次第だった。「領主の宗教が領民の宗教となる」という原則は、文字どおり諸国の臣民の生きる条件を決めるのは統治者であるということを意味した。つまり理論的には、国内問題は国際政治にまったく関係がないはずだった。この意味で、国際社会はプルラリスト的であった。事実、第一次世界大戦前に、ソリダリスト的原理に歩み寄った事例はほとんどなかったのである。

国際社会の当初の境界には、メンバー資格に比べるとやや柔軟性があった。ウェストファリアの講和自体は三〇年戦争の当事国間で結ばれた条約だったが、その原則はヨーロッパ全体で一般に受け入れられた。やがて非ヨーロッパ諸国もこのヨーロッパの国際社会に受け入れられたが、これはおおむね地政学、あるいはきびしい政治的対抗関係のためにオスマントルコ帝国との同盟が必要になったという事情に影響されていた。だれも、自分たちの支配者たちが、エドモンド・バークが全ヨーロッパの公法と呼んだものに進んで拘束されていると真剣に信じてはいなかった。

ヨーロッパ国際システムで作用していた理論的制約は、ヨーロッパ人とそれ以外の人びととの関係を律することにはなっていなかった。事実西洋諸国は世界中で勢力を増すにつれ、文明国すなわち国際社会のメンバーとの関係と、野蛮人や未開人との関係を区別することもあった[3]。野蛮人、たとえばインドのムスリムの君主とは、条約を関係の基礎にすることもできたが、その条約はヨーロッパ人だけに相互的ではない権利を与えていたという意味で、不平等なものであった。その例はキャピチュレーション〔Capitulation：ヨーロッパ諸国が非ヨーロッパ諸国と結んだ不平等条約〕で、エジプトにあったイギリスの法廷は、一九世紀末までそれにもとづいて機能していた。またヨーロッパは、中国や日本はそれなりに強力な文明として存在することは認知した（中国や日本の伝統的な指導者はヨーロッパ人を野蛮人と見なしていたが）。しかし、初期の西洋と東洋との関係は、国際社会の西洋的理解を揺るがすほどの範囲には及んでいなかったし、その後には日本や中国などの東洋諸国は、ヨーロッパの言いなりになってその国際社会に吸収され、その結果ヨーロッパ国際社会は拡大した。ヨーロッパ人は、文字をもたない文化を未開と定義した。これらの文化に属する人びととの関係については、イギリスやオランダは条約によってそれを律する傾向が多少あったが、普通そんなことにはおかまいなく、ある種の場合には、彼らを征服することは義務であるとさえ考えられていた。

ヨーロッパがいろいろな王朝によって統治されている限りは、自分たち相互の関係を律するルールとは別に、外部の勢力との関係をおおむね気ままに左右できた。哲学者たちは、ヨーロッパ国際社会の範囲の外側にも人類の共同体が及ぶのか、また諸国民の法（*ius gentium*）の及ぶ範囲はどこまでなのかについて思い悩んだが、ほとんどの政治家たちは、自国はプルラリスト的協約に守られているが、外部の社会を囲い込んだり搾取《さくしゅ》したりするのは自由だと感じていた。伝統的な国際社会は、このように地理的には限定されており、本質的に固定した構造物だと見なされていた。だが王朝的支配が弱まると同時に西洋の膨張が成功したために、これら二点に疑問が付されるようになったのである。

# 2 国際社会の近代化

### ソリダリストによる革新

もともとのプルラリストの枠組みにソリダリストの着想をつなぎ合わせようとする試みが始まったのは、ヨーロッパ外の国家が民族国家に変容した結果であった。それは最初はおおむねヨーロッパで起こったが、その後ヨーロッパの帝国主義への反発として、ヨーロッパ外で起こった。それはまた、部分的には、安全保障と経済的福祉の両分野で近代のテクノロジーの力によって世界が統合された結果でもあった。

人民主権の理想はアメリカとフランスの両革命で確立した。アメリカ独立宣言とフランス人権宣言の二つの重要な文書は、普遍的権利と考えられたものを、それぞれの国なりに表現したものだった。両文書は特有の歴史的な背景のなかで提案されたものであったが、人類全体を意識して書かれたものであり、単に一三の植民地やフランスの市民だけを念頭に書かれたものではなかった。そのときにはその国際政治上の意味はぼんやりとしか認識されていなかったが、人は平等な権利をもつというソリダリストの前提にもとづいて地球社会が存在するという考え方は、これらの革命の基礎に潜在していた。ナポレオンの敗北によって旧体制《アンシャン・レジーム》が回復しただけではなく、それに対応する国際社会の固定的な理解も回復した。それはつまり地理的範囲はヨーロッパに限定され、そのメンバー資格は主権をもつ政府に限られているという国際社会観であった。民族自決というソリダリストの原則が、民主主義を掲げる反政府勢力の単なる希望から、実際の新世界秩序の法的基礎へと変化するのは、一九一八年を待たなくてはならなかった。これから見るように、国家の主権と人民の自決のあいだの矛盾を現実には解決できなかったために、この変化は大いに欠陥のあるものだった。ナショナリストが求めていたものは、自分たちの国家を建設して国境を確定してしまうことであり、この国家建設の波に乗り遅れてその後に自身の民族自決を求めるようになる少数民族に時おり領土が割譲されてしまうような流動的な状態ではなかった。この観点からみると、一九世紀のナショナリストは、自分に都合のいい部分だけソリダリストだったにすぎなかった。つまり自分たちはクラブに入会したいだけで、クラブそのものは変えたくないというわけである。一九四五年以降に権力の座についた反植民地主義のナショナリストについても、同じことがいえる。

しかしながら、ソリダリズムは「国際社会の憲法」に二つの点で影響を与えた。最初のものは、外交政策の手段としての武力の行使に関するもので、二つめは帝国の正統性に関するものである。第一次大戦当初に交戦諸国が示した熱狂は、一転して戦争そのものだけではなく、かつてはシステムの基石《きせき》として勢力均衡を支えたが結局システムを破綻させてしまった外交慣習や秘密条約に対する深い嫌悪へと変化した。

## 嫌悪される戦争と帝国

一七九五年に、哲学者のカントは『永遠平和のために』を出版し、そこで、戦争の問題を諸共和国の平和連合の憲法案を起草することで解決しようとした。一九一八年には、アメリカのウィルソン大統領も制度的な方法で同じ目的を達成しようとした。彼らの考案した集団安全保障は、カントが想定したような志を同じくする共和国の連合のように世界を変えることができなかったために、失敗に帰した。しかし、平和は不可分であるという考えには依然として説得力はなかったものの、ウィルソンは武力攻撃が受け入れられないものだということを、その後の国際秩序に関する論議の中心に据えたのである。戦死者の人数を数えれば、戦争を国際社会の制度と見なそうとするヨーロッパ人が多くないのは当然だった。それどころか、これ以降政治的な立場の如何《いかん》にかかわらず、戦争は社会の大失敗であると見なされるようになったのである。国連憲章は、ウェストファリア条約同様、国際関係から武力を排除しようとしたものではないが、憲章はそれ以前の条約とはちがって、武力行使を自衛もしくは国境を越えてやってくる国際の平和と安全に対する脅威の予防または抑止のためだけに限定したのである。

一見したところ、大戦が終わって戦争に勝った側の帝国は無傷で残っただけではなく、戦利品として新たな領土を手に入れた。ドイツの植民地やオスマントルコ帝国のレヴァント諸州は、主としてイギリス、フランスに割譲《かつじょう》された。ウッドロー・ウィルソンでさえ、当初は民族自決の権利を「文明国」の境界外に適用しようとは思っていなかった。他方でもし彼が、武力によって領土の支配権を得ることができるという伝統的な考え方を受けいれようものなら、それは講和を支えていたリベラルなイデオロギーと矛盾をきたしてしまったであろう。もしそうなれば、それまでの時代同様に、悪行から権利が生まれることになってしまうからである。だが、新たなイデオロギーがヨーロッパだけではなく、黎明期《れいめいき》のアジアや中東のナショナリズム運動にも訴えるものをもっていたのは、それが特定の文化的な形式ではなく、普遍的なかたちで表現されていたからにほかならなかった。言い換えれば、リベラリストたちの考えていた方針は、彼らの哲学と一貫していなかったのである。

これを解決しようとしたのが、国際連盟の委任統治システムである。これによって、ドイツの植民地やオスマントルコ帝国の諸州は委任統治国に信託され、これらの国は国際連盟に対して住民の福祉に関する責任を負ったのである。表面的には、これはヨーロッパの植民地帝国になんら動揺を与えなかった。イギリスの自治領やインド政府は多少例外的だが、植民地は独自の法的人格をもっておらず、それゆえ国際社会のメンバーではなかった。カメルーンの西部がナイジェリアに組み込まれたように、時には委任統治領は行政的な理由で隣接する植民地に組み込まれることさえあった。このようにして、ヨーロッパ帝国の微妙な地域で、統治に関する説明責任が国際的なかたちで求められるようになったが、それによって帝国の正統性の観念に、いわば時限爆弾をひそませる結果になった。委任統治にはさまざまな種類のものがあったが、それにはなにがしかの説明責任がともなうという考え方を導入したことは、消極的なかたちではあっても、民族自決がヨーロッパに限定されないと認知されはじめたことを示していた。

時限爆弾の導火線は長かった。ヨーロッパの諸政府は、そうせざるをえなくなるまでは外部勢力と平等であるとは認めたがらなかった。たとえばアジアやラテンアメリカの諸国が国際社会の一員として認められるのには、一九〇七年の第二回ハーグ軍縮会議を待たなくてはならなかった(1)。そして西洋列強が帝国主義のゲームはもう終わりで、暗黙裏《あんもくり》にではあっても人種差別的な性格がある委任統治制度の諸類型をもはや国際社会のメンバーになるのを妨害するのに援用しないと認めるようになるのは、ようやく一九六〇年になってからのことだった。帝国主義国は自分たちの植民地政策に影響を及ぼそうとするいかなる外部からの企てにも、権力委譲のときまでずっと抵抗する姿勢をとり続けた。だが他方で帝国主義国は、自分たちがその住民のために統治するのが建前になっている植民地住民には自決権を否定しておきながら、国際連盟やその後継の国際連合の信託統治理事会から任された、その隣にある信託統治領の住民の方には、そういった権利を原則として認めるということを、矛盾のないかたちで主張することもできなかった。

## 主権と福祉の妥協

伝統的な国際社会は、最小限の協約で成立する社会だった。それは、主権の相互承認であり、たとえば同盟を組んだり変更したり、あるいは自分の中立を後見的な諸国家に集団的に保障してもらうといった主権者の権利を確定することであった。だが、それ以外の合意はほとんど何もない社会なのである。ナショナリスト国家の政府がこのような考え方を熱心に支持するのは、強力な国よりも弱い国や脆《もろ》い国の方が一貫して重視してきた法的主権の原則がその基礎にあるからである。国際社会に参入したばかりの国は、外部からの介入（それは、強国の政治的、経済的利益を覆い隠すソリダリスト的な口実で正当化されてはいるが）によって独立し続けることができなくなるのではないかとつねに恐れてきたのである。

産業革命以来、世界が経済的、戦略的に一体化の度を高めたので、国際社会の伝統的な構想にも変更が加えられた。この過程は一種の技術論的なソリダリズムへといたった。つまりいまではほとんどの国が奢侈品《しゃしひん》の輸入だけではなく基本的生存のための物資に関しても外部世界と密接な相互依存関係にあり、この相互依存に対応して、国際社会の準憲法的秩序をある種の共同事業のための連合体、つまり実質的な目標を追求するために存在するものへとつくり変えようとする傾向が二〇世紀を通じてみられた。諸国家がプルラリストの枠組みにコミットしていることは、この種の本格的な脱国家的社会を築くのに依然として障害となっている。それでも、たとえば国際人権A規約（社会権規約）の起草過程や、国際刑事裁判所の設置をめぐって延々と続いてきた論争過程で、ほとんどの政府が人民は消極的権利と同時に積極的権利ももつことを受け入れていることが明らかになっており、そのことはソリダリスト的前提が国際政治思想に浸透していることをよく表している。

ソリダリストの主張の起源と、それを実行に移す際の問題を考えてみると、プルラリズムとソリダリズムの原則がお互いに妥協すべきだと考えるべき根拠は明白である。国家が民族国家になると、そこではほぼ必ず国民は社会主義を支持した。国民が自分たちのために主権を行使すべきだという主張は、国民経済を国民で制御し、外国の支配や搾取をなくさないといけないという考え方に必ず行きついた。その基礎にある考え方は、人民はみな自分たちの問題を自分で解決すべきだということだが、それは外部者が排除されるのが正しいとされる排他的領域が存在することを暗に意味している。

世界大恐慌と第二次世界大戦の経験によって、主要国は経済的な福祉のためには世界経済を資本や信用で円滑に機能させたり、世界貿易の自由化（通商面での一種の軍備管理のようなものだが）を監督したりするための制度が必要だと考えるようになった。そのときですら、政府が完全雇用を維持する義務は、国際的な義務に優先するということが認められた。ブレトン・ウッズ機関（IMFと世界銀行）と関税及び貿易に関する一般協定（GATT）の目的は、外交にルールの枠をはめることだが、その場合でも国民の福祉と認められたものを犠牲にはしないとされた。国家に代わる権威の源泉は存在しないだけではなく、それを探そうとする関心もなかった。経済秩序が最恵国待遇を与えあうことで維持されるのならば、そもそもそれを与える政府がなくてはならなかった。

同じ論理が、信頼に足る集団安全保障システムが存在しない状況での、地域的で恒常的な同盟関係にも適用された。人類の連帯を根拠に、攻撃的な戦争を控えることがすべての政府に義務づけられたが、そもそもそのように自制をするには政府の存在が前提となっていたし、攻撃を思い止まらせることで侵略を防ぐには、やはり相手国に政府がなくてはならない。このことは人権についても当てはまり、人権をくり返し侵害するのは政府だが、同時にそれを保護するのも政府しかなかった。

## 残り続けた伝統

自己利益追求に忙しい諸国家からなるプルラリストの世界と、建前上は諸国政府がコミットしているソリダリスト的な原則のあいだの、このふつりあいな妥協は、二〇世紀のあいだに二度挑戦にさらされたが、いずれにおいても挑戦は退けられた。最初のものは、プルラリスト的な共存のルールにもとづいて考案された消極的な種類のものであれ、世界の憲法的秩序をつくろうとする強い信念にもとづいたものであれ、そのような国際協力の理想を忌《い》むべきものとしていたファシズムとナチズムによる挑戦である。欧米の国際社会は、国際社会の基本的規範を無視するナチやファシストの野蛮人に一致して抗することができなかった。なぜならこれらの野蛮人はヨーロッパという要塞のなかにいたのだから。プルラリズムとソリダリズムの妥協は、ずっとあいまいなかたちではあったが冷戦期にも挑戦を受けた。東西の分裂は、一方の陣営がさまざまな目的のために、他方を野蛮人とみなしたことを意味した。マーティン・ワイトはつぎのように言う。

一九四五年以後、世界政治は二つの国際社会に分裂したと見なすのが妥当であろう。一方は西ヨーロッパに起源を持つものであり、他方は新しい共産主義のものである。この二つは例えば国際連合においては重複していたが、共産中国の非承認問題に見られるように、重複よりも相互の排他性の方が顕著である。[2]

この見方の問題は、多くの戦略的現実を把握することができても、イデオロギー論争に制約があったことを軽視していることである。明らかにこの制約は、核戦争の恐るべき見通しによって強化されてはいたが、ウェストファリアの原則とも完全に合致していたのである。もちろん両陣営ともに、新たな聖戦に乗り出そうとする熱狂的なイデオローグはいた。これは、ソ連帝国への巻き返しを企てたり、全面的な経済戦争を行ったり、あるいは東風が西風を圧倒すると言い張ったり、事態がまちがった方向に展開しないように必要ならどこなりと戦車を配備したり、といったさまざまなかたちをとった。

だが、最終的には、アメリカとソ連の政府は、瀬戸際から何回も引き返した。ベトナム戦争終結前、まさにアメリカがハイフォン港を機雷で封鎖していたときに戦略兵器制限条約交渉（SALT）が行われていたことは、このことを見事に示す例である。大国には国際秩序全体に対する責任があると一方的に自分で主張した伝統的国際社会観と、完全に合致しているのである。

弱小諸国は不平を鳴らしたにせよ、自制の原則に合致していた戦略的手詰まり状態は、国際社会のメンバーになってまもないアジア・アフリカの諸国にとってもおおむね好都合だった。武力行使が外交政策の手段として非合法とされるようになったので、戦争は建前上は起こらなくなった。したがって潜在的な交戦国が保障する伝統的な中立は、特殊な理由によって存続した少数のケースはあっても、もはや非同盟諸国にとっての選択肢ではなかった。しかし非同盟諸国は、両方の陣営から物質的利益を確保しつつ、自分たちの国家の威厳をあまり損なうことなく独立を維持できたのである。

ナショナリズムと人民主権の影響によって現代的に修正されたものの、伝統的な国際社会が冷戦を生き延びたのにはもうひとつの理由がある。冷戦におけるいさかいは究極的には二つの文明ではなく、産業社会を組織する方法に関するものだったことである。その意味でこれは、一七世紀ヨーロッパにおけるキリスト教の宗派間のいさかいのようなもので、解決法にも類似のものが求められた。新たな千年期にもこのような類推が成立するかどうかは、明らかではない。主権者間で宗教的相違があってもそれに決着をつけないで共存したおかげで、産業革命が定着し、どれほど不均等なかたちではあっても、産業革命の影響が結局世界の隅々にまで及ぶのに必要な程度の安定が生まれた。時が経つにつれて、少なくとも欧米では、その影響によって宗教が私的性格のものとなった。だが共産主義の近代化ビジョンは競争から脱落し、それに対する世俗的なにらみ合いの必要はもはやなくなったので、われわれにはイデオロギー的共存の原則はもう不必要なのかもしれない。では国際社会を、人類の連帯の原則をもとに成立する人類共同体に変革することができるのだろうか。

# 3 新たなソリダリズム？

### 変化しないものこそ大事

新たなソリダリズムのビジョンは魅力的だが、それには危険も多い。根本的な問題は、海図のないところでどうやって航海するのかということである。ソリダリズムの提案には二種類ある。楽観主義者の方は、われわれは現在の傾向に身を任せればよいだけだと主張する。彼らは、経済がグローバル化していくと、国家がその伝統的な役割の多くを手ばなし、グローバルな市民社会が登場するとみている。エドワード・ヒックス〔Edward Hicks, 1780～1849：アメリカのフォーク・アート画家で、クウェーカー教徒〕の描いたような「平和の王国」は、とうとう実現されるだろう。もっとも、それはヒックスが描いたようなエデンの園への回帰によってではなく、インターネットによる人び

エドワード・ヒックス〈平和の王国〉1834年頃
National Gallery of Art, Washington D.C. 所蔵

との解放によってだが。他方悲観論者の方は、豊かな国々が行動する意志を失う一方で、弱い国家はまず犯罪国家になり、結局世界全体が破綻してしまうだろうと予測する。そうなるにつれて、国際的な無秩序が、中央政府はなくても諸国家からなる国際社会を圧倒し、民族的憎悪や宗教的対立の政治は、徐々に国際社会がよって立つただでさえあやうい基礎を掘り崩すだろうと考えるのである。

どちらの立場にもそれを熱狂的に主張する論者がいるが、互いに自分の論陣の防御壁から離れて少しばかり大局的に物事をみる余裕があれば、現代の世界秩序は基本的に冷戦期とは異なったものだという信念ではまったく一致していることに気づく。ということは、われわれに必要なことは変化の過程を理解することである。こう考えると、国際関係論、いや社会科学一般の仕事は、つねに変化している対象を考察しなければならないことになる。このような比喩《ひゆ》ですら、誤解を招くかもしれない。なぜなら、これだと少なくとも対象にははっきりとした輪郭があることが暗に前提とされているが、実際にはそれは絶え間ない流動状態・変容状態にあるからである。

新たな千年期がはじまる今の世界が、一八、一九世紀のヨーロッパ国際政治システムの最盛期と多くの点で違うのは否定しようがない。主権が民族の手に移り、主権が個人の権利によって制約されたことによって、ヴァッテルそしてグロティウスですらも国際関係における人の営みを説明する根拠にしていた前提は、一変してしまった。グロティウスの考えでは、国際社会とは、自然法が想定した人類共同体の管理に責任を持つ一種の持株会社のようなものだととらえることができた。だが国家間システムとそれを下支えする実定法が発展したことで、この可能性は一掃されてしまった。現在でも一部のコスモポリタンはそう考えているらしいが、あるゆる政治的権威を超える個人の人権を数多く立法化したところで、それによってこのようなビジョンが復活することにはならなかった。もし個人がそれぞれ主権者なら、そして結局は権利が義務を等閑視するのなら、いったい人類共同体という概念にはどんな内容が残るのだろうか。

このようにたしかに観念が進化し、それによって知的・道徳的な混乱が生じたからといって、国際レベルを含むすべての社会関係で驚くべき継続性があることを、われわれは無視してはならない。

実際、おそらく変化したものより変化しなかったものの方こそ、説明する必要がある。貧困同様、変化はこの世の常である。変化に耐えて存続するものこそが、真に注目すべきものではないか。われわれはこのことを直感的に知っている。過去五〇年間を生きた者で、一九四五年以降の政治のありさまが大激震を経たことに気づかないものはいないだろう。共産主義とソ連の崩壊は、このような激震のもっとも最近の一例にすぎない。同様に驚くべきは、わずか一世代を経るかどうかのあいだに、イギリスが世界最大の帝国の中心から、欧州連合（EU）の片隅でやや統合失調症的な地位へと凋落《ちょうらく》したことである。しかしそれにより苦悶しているにもかかわらず、イギリス人は依然としてしっかりと自分を自分だと思っている。もし自分のアイデンティティが時間と状況の変化に耐えることができると信じなければ、われわれはリア王のように狂気におちいるだろう。

## ヒュームが考えた国際社会とは

国際関係理論は伝統的に、未知の海を航海するのに時代遅れの海図を用いていると批判されてきた。このような批判が正当なものかどうか、議論の余地がある。不正確な地図でもないよりはましだという、傾聴に値する見解もある。(1) しかしさしあたって、時代錯誤は避けるべきだと考えてみよう。国際社会の存在根拠を確定し、その不易の性質に光をあて、それが近年経験している挑戦を理解するのに役立つように、しっかりとした言葉で事の本質を語ることはできないだろうか。

わたしの考えでは、このような種類の定式化は存在する。このことを示すのに、われわれは古典的思想家のなかで、現代に通じるところがもっとも大きく、それでいて難解ではない人物を想起してもよいだろう。デイヴィッド・ヒュームが国際社会の研究者から無視されてきたのは驚くべきことだが、われわれの道徳感覚は、つまるところわれわれの経験を超えることは決してできないという主張をしたヒュームは、まちがいなくだいたいの哲学者より国際関係の基本的な性格に迫っている。ヒュームの正義に関する三つの基本的ルールは、現在の学界にある大概のものよりうまくできていて、新たな千年期に進路を決めるための指針として有効であると思われる。彼の言葉を少し引用するのが有益だろう。彼は、国家を一種の人格としてとらえることから生ずる問題を検討することで、国際法の議論を始めている。

> ……〔国家間の〕あらゆる種類の交わりでは〔国家という〕一つの政治体は一人物と考えられるべきである。また実際、私人と同じく、異なる国民が相互扶助を要求し、同時に各国民の利己心と野心とが戦争と軋との恒久的源泉であるかぎり、この主張は正しい。しかしながら、各国民はこの点で個人に類似するとはいえ、他の方面でははなはだ異なる。したがって、各国民が〔国内法と〕異なる根本原則によって規制され、国際法と呼ばれる新しい一組の規則を生むことは、少しも不思議でない。そして、この項目の下に入れることのできるものは、大使たる人物の神聖性や宣戦や有毒武器禁止や、そのほかの異なる〔国家〕社会間に行われる特異な交際をあきらかに主眼とする種類の義務である（強調は引用者による[2]）。

ここまでの引用は、国際社会のプルラリスト的な理解の古典的擁護論である。個人同様、国家は孤立していては繁栄できない。しかし、国家というものが、いわばそれぞれ独自の慣習や習俗をもつ社会をいれる容器のようなものである限りは、諸国はお互いにうまくつきあっていくための共通の慣行やルールを発展させなくてはならない。ヒュームの英語が古風であることに加えて（といってもその意味するところが明確なことは、現代の多くの文献と好対照だが）、彼の議論はグローバル化した今日にはもう当てはまらないと、不満を口にする人もいるだろう。しかし、わざわざ正式な宣戦布告をする国は今日ではほとんど存在しないという事実はあるにせよ、膨大な法律体系のおかげで、諸国が独自の文化的特異性を維持しながら、諸国の共存や協力が可能になっているという事実を考えると、そういった不満は大して重要ではないだろう。領土保全や国家の独立を定めた国連憲章の二条四項や、内政不干渉を定めた二条七項は、人間の解放のまえには単なる障害にすぎないと切って捨てるまえに、それが世界政治で果たしている創造的で建設的な機能を、われわれは思い出すべきだろう。

## 市民ではなく国家による社会

ヒュームはこの点に関して明確である。引用を続けると、

しかしながら、これらの諸規則は自然法につけ足されているとはいえ、自然法を全く廃絶するものではな

い。換言すれば、正義の三つの規則すなわち所持の安定と承諾による所持の移転と約定の履行とは君主にとっても被治者と同じく義務である、と間違いなく断言できよう。けだし、君主の場合にも被治者の場合にも、同じ利害は同じ結果を産む。すなわち、所持が安定しないとき、恒久の戦争があらねばならない。所有権が承諾によって移転されないとき、交易は不可能である。約定が遵守されないとき、連盟も同盟もありえない。(3)

現在の観点からみれば、ここでも多少の古めかしさはある。君主の責任は、その臣民に比べるとスケールが違っていたが、結局のところ君主もやはり臣民同様個人的な利害や意志のある個人だった。しかしながら、臣民が市民に変化し、国家が人格として扱われると、複雑な問題が起こった。君主からなる国際社会は、非常に閉鎖的なクラブで、君主格の者しか入会できないという厳格な入会規準があった。人民主権の教義が示すように、もし市民たちが自分たち自身で国家を統治しようとすると、諸国家は、国家をだれがどのように代表するのかという問題と、個人の利益と国益と想定されるもののあいだの葛藤を解決するための手続きを発展させねばならなかった。

市民ということばで語られるものは普遍的なもので、文化的な背景がないからこそ魅力がある。ただ市民の観念を実質的なものとするには、市民という観念だけではダメで、どこかの国の市民でなくてはならない（世界市民であろうと考えることは、単にレトリックを振りかざしているにすぎない）。インドで市民の権利と義務として通用するものは、イタリアでもおおむね通用する。だからこそ両者を比較できるし、市民の観念が国境を超える価値の出現の基礎にすらなったりするが、両者が完全に一致することはありそうもない。したがって人民主権の国々からなる国際社会では、君主たちのクラブよりも、相互に内部へ浸透する力は強いが、その異質性は大きい。そして君主からなる社会よりも進化する潜在力が強いが、文化的誤解や相互の憎悪やポピュリスト的排外主義を生みやすい環境でもある。

もしこれらの点を認めるのなら、人民主権の国家が誕生したことでヒュームの議論が弱まることはほとんどない。いや、というよりもある意味では、むしろいっそうよく当てはまるのではないか。主権者の権利と個人の権利の境界がますます論議を呼ぶものになるにつれ、一般的な合意の得やすいような最小限の共存のルールの重要性がむしろより大きくなった。言い換えれば、国際社会の入会資格とその境界はますます論争の的になったが、そういった論争は国際社会の概念そのものには挑戦しなかったばかりか、それに依存すらしていたのである。また世界帝国を復活させるか政府一般を完全に廃止してしまう気がない限りは、それが国際社会の概念そのものに挑戦するのは不可能だったのである。

国際社会への入会資格とその境界に関する論争点の詳細については、この書物の後半部分で検討しよう。ともあれここでは、ヒュームの基本原則にそって問題を検討してみよう。

入会資格の問題は、三つのより小さな問題に分解できる。どのようにして、新国家は建設されるのか。個人をはじめ非国家主体は国際社会のメンバーと考えられるべきか。以上の二点に解答を与えるに際して、国際社会全体の責任は何なのか。これらの三つの問題に対する解答を、ヒュームの言う社会生活における最小限の正義の原則に合わせるには、所有の安定、合意の原則、そして約束の信頼性という三つの条件を最低限満たしていなければならない。

## 国家建設の問題

国家建設に関しては、われわれはただちに問題に逢着《ほうちゃく》する。歴史地図を一目みれば、所有の安定性が国際的な人間の営みにおける伝統的な特徴とはいえないことがわかる。それどころか、国際関係が社会生活の最低限の基準を満たしていないと多くの人びとが確信しており、国際関係は本質的に戦争状態だとみなすリアリストの観点は、それを反映している。他方で、国際社会にあまり破壊的な影響を及ぼさずに、領土の持ち主を戦場で決められるとなると、戦争を「政府なき社会」の一種の制度と見なすことが可能である。だが、人民主権の広がりにともなって領土が神聖化されると、すべては変化した。

ヨーロッパの脱植民地化という背景なしには、民族自決の権利が何を意味するのか合意できなかったので、民族自決が意味するのは脱植民地化だけだという限定的な定義は国家による所有を安定させる効果があった。大国も小国も領土の変更に強く反対し、国連もそれら国家の見解を反映しているので当然、同じ考えを支持していた。しかしこの解決法は、政治的アイデンティティを自覚して先祖代々継承してきたと主張する領土に住んできたものの国家をもっていない集団からは、逆に怒りを招いた。スリランカ北東部にいるタミル人や、イラン、イラク、トルコ、それにロシアにまたがって住んでいるクルド人のように、王朝的であれ他のかたちであれ国家というものを一度も持たなかった集団もいる。そういう意味では厳格にいえば、こういった集団が先祖から正当に継承してきたと現在みなしているものの所有権が移転することに、自分たちは一度も合意したことがないとする主張の歴史的論拠は弱い。

この観点からいえば、バルトの共和国や、あるいはウクライナでさえ、領土の所有権に対する主張の論拠はより強い。バルト諸国は、一九四〇年にソ連に強制的に吸収されるまえに、つかの間の独立を経験したし、ウクライナのナショナリストは過去八世紀ばかりさかのぼれば、自分たちの領土がモスクワ大公国の影響力下になかった時代を見つけだすことができる。しかしこの問題は、ナショナリストがいつも言い張るように、客観的な歴史的真実の問題ではなく、自分たちの集団が過去受けてきたと感じている屈辱、侮辱、不正の問題であり、いわれのない不当な差別と大して相違はない。ナショナリスト的扇動とはおおむね無関係の理由で国家が分裂する場合ですら、既存の政府に対する合意が失われることで、その結果として起こる無秩序状態によって被害者が出る可能性は高い。

## 3 新たなソリダリズム？

### 非国家主体は国際社会のメンバーか

非国家主体が国際社会のメンバーになったとする考えは、企業や国際機関やＮＧＯ、それに国境を横断するイデオロギー団体や宗教団体などが、実際の国際関係のあり方やそこでの出来事にますます影響を与えるようになったという経験的な観察からきている。EUはある程度例外だが、非国家主体は単独であれ共同であれ、主権国家による法的保護がなければ機能しない。一般的に言ってこのような非政府機関は、その行動が国家の領分を侵害しているとみられるか、それとも国家と国家の自由な取引を助けているとみられるかによって、国際的緊張を高めたり国際協力を促進したりする。しかし国際社会の最低限のルールに挑戦することはない。ヒズボラの行動は多分前者の例だろうが、世界貿易機関（WTO）はかなり不明確ながらも多分後者であろう。

国際社会における個人のメンバー資格は、一九四八年以来独自に権利を保有する主体として認知されてきたので、違う種類の問題を引き起こす。世界人権宣言や、その付属条約、さらにはさまざまな類似の地域的取り決めの基礎にある問題は、所有とは領土や物的な資産に対してだけではなく、ともかく第一に自身の人格に対する所有であると想定していることである。したがって、人びとは自分の政府を自由に選び、自分たちの不可侵の権利を侵害する政府は除去して、自分の人格の自由を取り戻さなければならない。ここで答えられていない疑問は、取り戻すといってもいったい誰からか、というものである。諸国の政府はこれらの文書に署名したが、人権問題を監督する自分たちの権限を、より上位の権威を創造してそれに委譲することを依然として拒んでいる。国際刑事裁判所は、主要国の承認を得るために骨抜きにされなくてはならなかったが、それでも二〇〇〇年はじめまでに署名しているのは一部の国で、アメリカや中国やその他の数か国が署名を拒んでいるという事実は、この困難性をよく示している。それは、個人が自分たちの政府の権威に挑戦することにつきまとう困難性や、特別検察官が独立して行動することを容認するむずかしさだけではなく、国際社会の境界の問題は最終的には地理的な問題ではなく、倫理的な問題であることも示している。国際社会の境界の外にはだれがいて何があるのかについてなんらかの合意がなければ、国際社会という概念には実は実質的な中身は何もないのである。

では、いったいだれが国際社会の境界の外にいるのか。ここで、伝統的な国際社会の内部で与えられていた解答と、それが近代化の影響を受けた際の解答を要約することが有益だろう。伝統的な国際社会では、その内外の往き来はあっても境界は十分はっきりしていて、ヨーロッパの諸国と、その支配者たちがキリスト教世界の外側にいる野蛮人たちと見なしたもののあいだに引かれていた。近代化された国際社会では、一八世紀の革命の普遍的な諸原則が、徐々に世界中に広がっていき、そしてそれが従来の概念を覆してしまうと、個人と市民の権利の観念が確立し、野蛮人の概念に頼って国際社会を組織するという選択肢が排除されてしまった。境界を取り払って、いわば外側にいた他者をなくしてしまった時期は、悪名高い全体主義、つまりいわばわれわれの側にいる他者が登場した時期と期《き》を一《いつ》にしていた。「新種の野蛮人」という概念は、国際社会の内側にいる脅威を指していたので、国際社会の組織化のための装置としては使えなかった。一九四五年以後、ホロコーストへの反応でもあったが、国家であれ個人であれ越えてしまえば自分の責任が問われるような境界を、国際社会内部に引こうという試みがなされた。諸政府が約束した多数の不可侵の人権は、民主的体制を明確に形式化したわけではないが、それを暗示するものではあった。諸民族の境遇や文化の相違が主権によって保護されれば、諸政府が仕えるべき目的や人民が享受すべき権利について、合意を得ることが可能だったのである。

## 国際社会の責任を負う者

冷戦の終焉とともに現れたほとんど千年至福論的な楽観論によって、この境界問題に関する妥協的な解決が危険にさらされた。一九一八年以来はじめてソリダリストたちは、力が法に仕えるのであって、その逆ではないようにできる可能性を感じた。もちろんプルラリストからの反撃も予想どおりあった。歴史の終焉論をめぐる論議のほとんどは、両陣営からの特別の訴えかけの様相を呈していた。一九九三年のウィーンの人権会議では、たとえばアジア的価値を唱道してした政府は、普遍的基準を求めて同じくらいとげとげしい抗議をしていた自国のNGOから激しい反対にあった。

しかしながら、この論争的なやりとりのなかには、深刻な問題が内在していた。それは責任を巡る問題、つまりだれに何をする責任があるのかということである。伝統的な国際社会は自助原理に頼っていた。それぞれの政府が、それぞれの国境内部の出来事、たとえば住民の福利に、また外部からの攻撃から防衛する責任をもつとされていた。もしこれらの政府が、自分たちの利益を攻撃的な手段で管轄権の範囲外で追求することを選べば、約束は信頼できるものでなくてはならない、というヒュームの第三の原則に従って相互の援助を約している反対勢力の連合が立ちふさがる危険を、犯すことになった。戦間期には対外政策の手段としての武力行使を廃止しようとして、結局全般的な信頼の崩壊が起こった。その後国連安全保障理事会、とくにその常任理事国に平和と安全の責任を委託し、特殊な責任を排するのではなくむしろ特定の国に責任を与えることによって、武力不行使に対する信頼性の回復が試みられた。

この責任の問題は、本書でこのあとでもしばしば取り上げる問題である。ソリダリストの論理で国際社会を再構成しようとする人たちは、特定の目的や計画をもつ連合性につきまとう二つの基本的問題に十分注意を払っていないようにわたしには思える。それはいったいだれが負担を背負い、そしてだれが最終的責任をとるのかということである。これは規範論の理論家だけの怠慢《たいまん》ではなく、政府の最高レベルに関係する問題である。国連安保理の常任理事国は安全保障分野で役割が拡大したことに浮かれてはいたが、あれこれの目的を達しようとは思っても、そのための手段を用意することなく一九九〇年代の前半を浪費した。このような政治は軍事問題に限られたことではない。これは、国内世論や国際世論に訴えるレトリックの政治スタイルであり、利害や結果についてのしっかりとした分析をともなっていることはあまりなかった。

新たな千年期のはじまりにはあちらこちらの情熱家が刺激され、現在の取り決めによる不満足な拘束から解放されることを夢みて、自分たちのファンタジーに夢中になる可能性が高い。もしいくつかの政府がこういった人びとと同じように行動したら、後悔することになるだろう。古い地図はたしかにところどころすり切れている。いまでは大体の方向を知ることにしか役立たない。だがそれでも、それは海に投げ捨てない方が賢明だろう。

# 第Ⅱ部

# 主権

# 4 ナショナリズム

## 噴出するナショナリズム

最近では、主権が時代遅れの概念のように見えることもしばしばである。しかしながら、国際社会の公的な秩序の主たるところを支えているのは、依然として主権国家の集合体である。この秩序に異議を申し立てるナショナリストたちも、突き詰めれば自分たち自身の主権を獲得したいだけなので、この原則そのものを攻撃することはまれである。彼らが挑戦するのは、主権そのものではなくて、現実に国家の権威を行使している勢力が正統性を主張していることである。ナショナリストが必要とあれば力ずくでも排したいのは、国家そのものではなく、彼らの言うところの正統性を欠く非民族国家（non-national states）なのである。

冷戦がはじまったことによるひとつの帰結は、この国際的正統性の性格をめぐる議論が休止したことである。このような見方は、あるレベルでは、冷戦はイデオロギー的対立であり、双方が唯一の正しい世界秩序観を代表していると主張したのだから、一見すると逆説的かもしれない。しかし冷戦が続いているあいだは、相手陣営を戦略的に否認する原則によって、それぞれの陣営に属する国家が、本当に民主的もしくは人民民主主義的な国としての資格をもっているかどうかを調べることが、通常は不可能になった。つまり冷戦のおかげで、いわば奇妙なイデオロギー的共謀関係が形づくられていたのである。

しかも冷戦は、国家を持たないが自決権を主張する集団が、既存の国家の秩序に対して挑戦することを、事実上すべて抑圧してしまった。バングラデシュだけが独立を達成し、国際的な認知を得たが、それはインドの決定的な介入があってからの話だった。われわれはここで、何を語り何を語っていないのかをはっきりさせるべきだろう。冷戦によってナショナリズム的争乱がなくなったわけではなかった。なくなったわけでは決してなく、世界政治の主要国の視野に、このようなナショナリズム的な不安定性が入らなくなっただけだった。それとは逆に冷戦が終わると、共産主義の崩壊にともない二〇以上の新たな国が誕生しただけではなく、それと同時に自決原則の意味と国際政治における民族的アイデンティティの性格と役割、そして主権の限界についての論議が、再開されたのである。

この論議は楽観的な精神ではじまり、それによって問題はどちらかと言うと、かえってあいまいになってしまった。当時のブトロス・ブトロス゠ガリ国連事務総長も、一九九二年一月に開かれた安全保障理事国の最初の首脳会議によって提出を求められた文書『平和への課題』では、冷戦後の一般的雰囲気の楽観と混乱にとらわれていた。ブトロス゠ガリは、新たな国際的潮流に関する議論のなかで、革命的なものではないにせよ、国際社会全体の基本的取り決めの大改革を意味する三つの議論を提起した。最初に、国家は依然として基石でなくてはならないが、その権威は絶対ではないこと。「国家の基本的主権および保全の尊重は、いかなる共通の国際的進歩にも不可欠である。しかし、絶対的かつ排他的な主権の時代は過ぎ去った。そういった理論は、そもそも現実と一致してはいなかったのである」。第二に、国連は新たな国を加盟国に迎えてきたが、「もしすべての民族的、宗教的あるいは言語的な集団が国家を持つべきだと主張すれば、際限のない国家の分解が生じ、世界中の平和と安全と経済的福祉を達成するのが一層困難になるだろう」と論じた。そして最後に、主権と自決の主張が競合するのを解決するには、一方で人権、とりわけ少数派の人権を尊重し、他方で民主化を推進すべきだとし、「社会生活のすべての段階における民主主義の諸原則の尊重は、地域社会、国内、あるいは国家共同体の内部においてであれまことに重要である(1)」と論じたのである。

### 主権・自決との関係

ナショナリズムと、主権・自決の二つの原則との関係について、高邁《こうまい》だが陳腐な宣言以上のことを何かいえるだろうか。この疑問に答えるにあたって、この章とそれに続く二つの章で、二つの議論を展開しよう。第一の議論は、逆説的に聞こえるかもしれないが、この問題には最終的で決定的な答えはないし、ありえないということである。その理由は、民族《ネイション》、主権、自決といった概念の意味そのものに合意がないため、政治主体が新たな機会や制約に応じて考え方を変えるにつれて、それら概念の関係が時とともに変化するからである。第二の議論は、このような不確定な状態にもかかわらず、主権、ナショナリズム、自決の関係についての慣習的な理解が、一九四五年以降登場してきたということである。しかも、このような理解は、一部の修正主義的論者が考えるよりも、安定しているように思われるのである。

このような慣習的な理解の中心には、以下のような信念がある。それはつまり、国際社会は独立国家という主権者から構成され、国際社会が成立するのは、それらの国家が主権と、主権から生ずる領土保全と内政不干渉を、相互に承認するからであり、よって自決の権利は植民地のみに適用されるべきだ、というものである。ただし注意すべきことは、このような結果は歴史的かつ状況によってつくられたのであり、主権の原則から論理的に演繹されたものではないということである。

このような慣習的な解釈は冷戦後もおおむね維持されたが、戦略的な理由から領土変更は問題外であるという冷戦期の議論は説得力を失った。これは小さな変動にみえるかもしれないが、水門を開けるのと同じ効果があった。領土は変化しないというのは幻想だが、今度は領土は絶え間なく変化するという幻想が登場した。冷戦によって政治的国境が非常に見事に固定化されたので、民族自決の原則に沿った国際秩序の民主化プロセスを妨げたのは冷戦だと考える傾向があった。この仮説が真かどうかは自明ではない。というのは、自決がある種の民主的政府の建設を意味していると考えるのは道理にかなっているが、民主主義の確立それ自身が、それまで存在していなかった政治的アイデンティティをつくりだすことはできないからである。それにもかかわらず、自決の権利を尊重する国際秩序は民主主義も保護するという仮定が再び力を得たので、第二次世界大戦後の戦後処理で民族問題には最終的な処理が済んでいるという考えが弱まったのは、確かであった。

## 自決原則がもたらしたもの

主権は、自決よりずっと古い原則である。したがって最初に考えるべき問題は、自決の原則がすでに存在していた主権国家の世界に注入されたときに、何が起こったのかということである。伝統的な国際社会は、おおむね王朝国家によって成り立っていた。支配者の世襲財産、そして彼らの国境でさえも、戦争で武運に恵まれたり、結婚によって王朝の同盟関係が変化したり、またそれゆえ土地の支配権を相続によって獲得することでも、変更可能であった。したがって国際社会のメンバーは君主たる主権者であり、彼らは国際社会の臣下ではなかった。このような考え方は、フランスやアメリカでの革命によって挑戦を受けた。しかしアメリカは建国初期には国際社会の周辺にあり、その国際的関与も限られていたし、ナポレオンが一八一五年に敗れてからは、旧来の家産的領土システムがフランスでも回復された。このシステムは、へこんだり傷ついたりしたが、第一次世界大戦までおおむね変わることなく生きのびたのである。

一九一九年以降には、国際社会は一見したところ人民主権の原則、つまり民族自決の原則を基礎とするようになったように見えた。ハプスブルク、ホーエンツォレルン、ロマノフ、そしてオスマントルコの各帝国が崩壊したことで、王朝的原則は致命的打撃を受けた。国家を特定の個人や一族の私有財産として防衛することはもはや不可能になった。そして、このような慣習的な統治が終わるやいなや、それに代わって同意による統治がはじまった。言い換えれば、国家の所有権は人民に移管されたのである。究極的には、同意を与えたり与えなかったりすることができるのは個人だけなので、この移行を実行するのに困難が生じた。しかし、人は一人で生きるものではなく、またそれは不可能である。それでは、いったいどの集団が自決権を認められるべきで、新たな政治秩序の基盤となり、人々がしっかりと帰属意識をもてるのだろうか。

この疑問は、第一次世界大戦直後に持ち上がった。これは、国家としての資格、つまり国際社会のメンバー資格は、民主的制度によって世論に認められた国家に与えられなくてはならないということを暗示しているように思われた。実際の新国家は、理論的には民族的境界に沿ってはいたが、民主的な資格には大して注意を払うことなく、ヨーロッパの王朝的帝国の残骸の上につくられた。同様に一九四五年の後にはヨーロッパの海外に拡がる帝国が、そして一九八九年のあとにはソ連とユーゴスラヴィア連邦が分解した。自決原則が暗に前提としていた合意による統治の原則は、二〇世紀の三つの国家建設の波の大きな特徴とはならなかった。したがって、いったい民族とは何なのか、あるいは人民とはだれなのかという問題は、そもそも理論的に答えうるものなのか、あるいは逆に現実的にしか解決できないものなのだろうか、という疑問は、考えるに値するものだろう。

## 自決原則の来歴

自決の理論が政治的な重要性を増すようになったのは、ある意味で偶然の結果である。結局のところ、帝国は昔から世界中で興亡を繰り返していたのである。世界史の別の時代に西洋への反逆が起こっていたなら、理論的根拠など要らなかっただろう。しかしながら、ヨーロッパ帝国列強のめざましい全世界的な進出が止まったとき、その撤退の合図となったのは、その妥当性が普遍性に依拠していたまさにその西洋の政治哲学の議論であった。

自決の原則は、西洋政治哲学の伝統における中心的概念であり、ナショナリズムの勃興より前の時代までさかのぼれるし、またナショナリズムとは別のものである。一八世紀末から、契約説論者と理想主義者は人間の自由を、自己決定する個人の政治的義務の観点からとらえるようになった。ルソーは、合理的な個人の意志を一般意志と見なすことで決定的な一歩を踏み出し、その結果個人が国家に負う義務は、究極的には市民の自分自身に対する義務となった。どの方向から議論をはじめても、その行き着く先は、民族の存在の根拠を、諸個人の忠誠にさかのぼることだった。ひとつの典型的な立場は、ミルのように、自由の概念がなんらかの意味をもつとすれば、人間はさまざまな人びとの集団のどれに自分が属するかを選ぶことができなくてはならないという考えである。(2) ほかの立場を突き詰めると、ヘーゲルのように、「思惟された諸規定としての法律を備えることによって自己に対しても他民族に対しても普遍的かつ普遍妥当的な現存在をもつ」民族のみが、真の主権、つまり形式的ではなく倫理的な主権をもつという主張があった。

国際関係の観点からは、政治的義務と自決原理の折り合いをつけるうえで問題となるのは、民族のアイデンティティはもともと決まっていることを前提とすることである。たしかにヘーゲルは、狩猟・採集民や牧畜民を、いわば進歩が止まっている集団として真の歴史的民族から区別している。(3) ミルは、明示的にはこのような進化論的な議論にたよってはいないが、文明化した人びとと野蛮人を区別しているところをみると、彼自身も、人びとが自由な制度をもつ権利は進化するものであり、決して先験的な意味で自然なものであるとは考えていなかった。しかしいずれの論者にとっても集団のアイデンティティそのものは、その集団の権利とはちがって、問題として取り上げるべきこととは見なさなかったので、理論的分析のための適切な題材とはされなかった。

このような理論的な問題が持ち上がるのは、国家を求める要求をどの民族に認めるべきかを決める必要が出てきた時である。最初のウィルソン主義的解決法は住民投票である。しかしこれは失敗だった。その理由は、第一次大戦後の中央ヨーロッパや東ヨーロッパでは果てしない領土争いがあったり、また大国が自国の領有している土地を統治する資格を本当にもっているかどうか、この方法でテストしてみる気がなかったということだけではない。アイデンティティの問題を自明視したことも理由だったのである。一九五六年にアイヴォール・ジェニングスが述べた有名な言葉だが、「人民の意志に従うというのは表面的には道理にかなっていた。だが現実的には、人民とはだれなのかをだれかが決めるまでは、これは戯言《ざれごと》にすぎなかった(4)」のである。

### 決着のつかない論争

というわけで、だれもが納得する民族の定義がないので、国際社会は問題を実際的な方法で処理するしかなかった。ましてや人民の自決権が国連憲章や世界人権宣言に基本的人権の一つとして記されると、この問題の処理はいっそう必要なことになった。しかしだからといって、一般的に妥当する客観的な民族の定義はないという、明白にして（わたしの考えでは）正しい結論にいたったわけではない。むしろ民族のアイデンティティと起源について、延々たる決着のつかない論争にいたったのである。相争っていた米ソ両国も、領土変更が事実上不可能になったのは冷戦による戦略的手詰まりが理由であり、問題が本質的に解決不可能だからとは考えていなかったようである。

民族の真のアイデンティティの探求は、反乱や解放運動の国際的承認や、このような運動の支援や鎮圧のための国際的介入といったきわめて重要な問題として諸政府に影響を与える危険がなくなったので、それは外交交渉の場から学術的なセミナーの場に移された。民族解放運動にかかわっていたナショナリストには、アイデンティティの問題について自分なりの見解があったのかもしれないし、特定の社会理論家の考えから着想を得ていたナショナリストも実際いただろう。それは民族国家が国境線を正当化し、それと調和するような民族の神話を永続させて民族文化を形成するために、学校のカリキュラムを利用したのと同じである。しかしいずれにせよ、それによって自分たちの主張を議論の余地のないものとするような民族の定義の合意を得て、それに訴えるということはできなかった。

民族的アイデンティティについては、おおむね二つの理論的な解答が提起されてきた（といってもそれぞれ内部で多様性があるし、両者には重なり合っている部分もあるが）。原初主義者（primordialist）は、世界の民族分布地図は太古の昔にさかのぼると考える。ただし、それは自然界を正確に反映しているので人類史はじまって以来本質的に変化していない、とまで言い張る論者はいまでは少ない。これとは対照的に、近代主義者（modernist）は民族を比較的最近の発明物とみなし、少数の例外や少なくとももまだ説明のついていない場合をのぞけば、せいぜいアメリカ独立革命やフランス革命以降の現象だとみなすのである。

## 原初主義者の民族論

原初主義者にとっては、民族自決権をだれに付与するかということは、現実的にはどれほど困難でも、原則的には解決可能な問題である。ただし現実的な困難が理由なのかどうか、彼らはあまりこの問題を実際に解こうとはしないが。彼らのメニューは欺瞞《ぎまん》的なまでに単純である。最初に自分のエトニー〔ethnie：一定の文化的アイデンティティを共有する集団〕を捜す。これをやるには、リストのなかから同じ「客観的」特徴を一つまたは複数もつ集団をみつければよい（「一つまたは複数」

という言葉を使うのは、普通これでスイスをなんとか含めるためである）。たとえば、それは共通の名前や言語であったり、つねにというわけではないが普段彼らが居住する故郷であったり、民族の起源や先祖についての共通の神話や、勝利や大災難の歴史をともにし、そしてそれをもとにした希望や願いを共有する民族という感覚であったりする。(5)

そのつぎに、そのエトニーを、歴史の偶然によって迷い込んだ帝国なり多民族国家からより分けて取り出す。そしてそのメンバーに、何らかの意味で彼ら好みの国家を与え、そこでメンバーは臣民というより市民となるのである。この最後のステップでエトニーは民族《ネーション》へと変容を遂げ、国家を得ることで国際社会に参入することになる。民族意識が十分に根付くまでの時間については、意見の相違がある。民族の起源がはるか昔にさかのぼれるのなら、冷戦という冷凍庫からとりだして解凍すれば、ただちに自然に民族国家が誕生すると期待する人たちもいる。だが、ウォーカー・コナーのように、より慎重な人びともいて、エトニーとしての基礎から民族としての自意識が出現するまでのプロセスは緩慢《かんまん》かつ不確実で、それについて一般的に語るのはむずかしいと指摘する。(6) 多くは、民族意識を加熱するコンロに依存しているようである。

## 近代主義者の民族論

近代主義者の考えでは、民族というのはそれが根付いている土壌から自然に立ち現れるのではなく、ナショナリスト、つまり民族と国家は一致しているべきだという政治的ドクトリンを信奉する人びとによって創造されるものなのである。既存の民族的な神話やシンボルを、自分たちの目的のために修正して利用できるナショナリストもいるかもしれないが、ナショナリズムの時代のまえにそういったものが何もなかったところでも、民族を創造できる。エストニアがしばしばこの好例とされる。

近代主義の民族論は、そもそも一八世紀のすえに旧体制《アンシャン・レジーム》を攻撃した人たちによって提起されたものである。彼らの考え方は、民主的な自己統治をもって自決とする自由主義的な考え方とおおむね一致していた。言い換えると、民族《ネーション》とは公民的な結合体であり、エトニーとしての集団ではなかったのである。たしかにフランス人はフランス文化やフランス語を、フランス人をフランス人たらしめる要素として重要だと強調はしたが、フランスは移民の受け入れ国でもあったのである。フランスへの移民の規模は、アメリカには及ばないが、それでも相当なものであった。それに対する公式の政策は、明らかに同化であり、移民たちの社会的・民族的な起源には大した関心を払わなかったのである。

学問における近代主義者も、自分たちの理論の国際的な含意についてあまり注意を払わなかったことについては、原初主義者と変わらない。彼らの関心はほとんど、ナショナリズムの時代を招来した歴史学的・社会学的条件に向けられており、ある国家の国際社会への参入の正当化という面には向けられてこなかった。したがって、たとえばゲルナーの議論によると、民族文化は農業社会から近代社会への移行を完成させる際の必然的な随伴物であり、その理由の大きな部分は、産業主義が依存している分業とそれがもたらす自由競争の結果、職業上の流動性、つまり読み書きができて訓練によって仕事ができるようになる労働力が必要となるからだとされる。農民は、だいたい同じ場所にとどまるし、ちゃんと働くのに読み書きができる必要はなく、だれであれ自分たちの支配者には強い猜疑《さいぎ》心をもつ傾向がある。他方で近代国家は教育を受けた市民を必要とし、彼らの忠誠心を確保する必要がある。近代主義の別の論者であるベネディクト・アンダーソンは、なぜ市民が国家にアイデンティティを求めるのかを、資本主義的な印刷業の展開に民族意識の起源を求めることで、説明しようとした。利潤を得ようとする動機によって読者市場が必要とされ、今度はそれが国語による文学作品の生産に有利に働く。それによって直接相互に知らない人びとによる想像の共同体の形成が可能になるというのである。

## 自治の境界を決めるのは

以上のどちらの説明でも、自治を求めるという要素は強調されていない。しかし自治問題への現実的解決の道を指摘したのは近代主義者である。ゲルナーにとって民族的境界に沿って国境を定めるうえで決定的に重要だったのは、高級文化《ハイカルチャー》が存在し、伝統的な農業社会のようにそれが一部の土地貴族や祭司階級に限定されるのではなく、広く一般住民に普及していることだった。ゲルナーはナショナリズムの時代のヨーロッパ国家の分布を、ヨーロッパ大陸を南北に帯状に伸びるゾーンにわけて説明した。そして、国境線を引き直す必要がなかったのはヨーロッパの大西洋岸だけだったことを示した。
この説明の要点は、おそくとも中世末期以降には、大西洋岸の一帯を強力な王朝的諸国家が支配しており、それは非常におおざっぱにではあっても文化圏と対応していたということである。このことが意味するのは、ナショナリズムの時代がやってきて、この地域の政治単位が文化的境界に適応しなければならなかったときに、一種の事後的な正当化以外の大した変化は必要なかったということなのである。

その結果、アイルランドを例外として、「ナショナリズムの時代の、この地域のヨーロッパの地図は、王朝や宗教や地域共同体が境界の決定要因だった時代と比べても、大きく違うようには見えない[7]」のである。

ほかの地域では話は違う。かつて神聖ローマ帝国の領地だった場所では、政治的には長期間分裂状態だったが、イタリアとドイツの二つのハイカルチャーがルネッサンスと宗教改革以来体系的に展開された。それには文化的というよりも政治的な作為が、イタリア語やドイツ語の地域では必要とされたのである。これは一つはピエモント、もう一つはプロシアという上からの二つの作用によってかなり成功した。これより東がもっとも問題の多い地域だった。ハプスブルク帝国やそれに対抗していたオスマントルコが統治していたヨーロッパの部分では、多くの農民のコミュニティがあったが、そこにはハイカルチャーも明確な政治単位もなかった。ここでは、文化と政治単位を両方ともつくらねばならなかったのである。

これは本当に大変な課題だ。ナショナリズムはなかば描写的、なかば規範的な民族誌《エスノグラフィー》からはじまって、それには一種の復元作業と文化設計作業が組み合わさっていた。たとえ最終的な政治単位がこじんまりしていて、十分まとまっていても、やるべきことが多くあった。実に多数の人びとが、同化され、追放され、そして殺されねばならなかった。これらすべての手法は、ナショナリズムの政治的原則を実行に移す局面で利用され、その後も使われ続けている。(8)

ボリシェヴィキがツァーの帝国を引き継いでいなかったとしても、ロマノフ朝が支配していた場所では同じことが起こっていたかもしれない。構造的な決定論を思わせる部分を別にすると、ゲルナーの議論でいちばん印象的なのは、いつも既存の地方政治機構が可能なところではどの場所でも民族国家建設の基礎として利用されたことである。したがって、ハプスブルク帝国やオスマントルコ帝国内部の行政的境界が、ポーランド人がポーランドを、アルバニア人がアルバニアをという具合に、多数派の住民が継承することになった国境線を確定するのに使われた。かつてのロマノフ帝国の分解はボリシェヴィキによる統治によって中断されたので、一九九一年になってはじめて同様の原則がソ連の社会主義共和国にも適用されるようになった。つまり、ウクライナ、グルジア、その他を隔てていた内部領界が、新たな国際的認知を得たポストソ連の独立諸国家の国境になったのである。

偶然に左右されるアイデンティティ

類似の結論が、アンダーソンの非ヨーロッパのナショナリズムの分析からも浮かび上がる。[9] とくに、彼はボリビアがラテンアメリカ共和国をつくろうとして失敗したことに取り組んだ。共通のハイカルチャーがあるにもかかわらず、なぜ南アメリカはアメリカ合衆国と同じ道を歩まなかったのだろう。本質的には、この問いに対する答えとして彼は、南アメリカのナショナリスト運動形成期の経験がスペイン帝国の諸州の枠のなかで起こったことをあげている。つまり、スペイン語を話す現地生まれの独立を望んでいたクレオールと呼ばれるエリートたちにとっては、彼らの絶対王政官僚としての移動パターンである「職業的巡礼」がスペイン本国の設定した行政区画に制約され、想像の共同体もそれによって定義されたのである。スペインに生まれたものだけが帝国のどこででも勤務に就くことができ、現地生まれのクレオールは自分たちの生まれた地域に閉じこめられていたのである。領土的なまとまりは、ナショナリズムの前に存在しており、権力を振るいたいと思う者にとって、空想上ではなく現実的な獲物だったのである。

アンダーソンの議論は、わずかな修正で、ほとんどの非ヨーロッパのナショナリズムに適用できる。もちろんこれは、凡アフリカ主義が諸国の独立後は急速に領土原則に従うようになったアフリカにも非常にうまく当てはまる。同様にインドは、一九四七年のパキスタンとの分離のあとに、地域的、言語的な自治の要求（その数は多い）に対して、いろいろな譲歩はしても、イギリス統治から受け継いだ領土の国境線を問題にすることは、決して許容しなかった。

ナショナリズムに関する大多数の近代主義者は、国際関係について考察を巡らすことはあまりないが、そうする場合には全般的にリアリストのアプローチをとっている。そして法律的、規範的なアプローチをとることはほとんどない。同時に、彼らの議論は暗に、政治的アイデンティティは政治的国境と同様、偶然に左右されるものであることを認めている。この点は非常に重要である。民族が巡り合わせで決まるのなら、合理的な議論や民主的な投票では決着をつけることはできない。政治的な議論をするには、まずは政治的境界がそもそも存在しなくてはならないが、境界はこのような議論の原因であると同時に、それと同じくらい議論の彼方にあるというのである。戦間期の苦い経験からこれが真実だとしぶしぶ認めたことが、一九四五年以後国際社会が自決原則の公式解釈を進化させることにつながったのである。注意が必要なのは、この解釈では、自決権は時間的にも空間的にも限定的な一回限りの脱植民地化の行為だと見なされることである。そしてこの解釈が課されるようになったのは、条約によるのでも、広く認められた交渉過程によるのですらない。それはいわば見えないかたちで、あるいは少なくとも徐々にそうなったのである。そのうえ、冷戦がこの解釈の問題が顕在化するのを遅らせたのは事実であるにせよ、この解釈が採用されたこと自体は冷戦と無関係なのである。

# 5 自決

## 尊重されない民意

国連憲章と世界人権宣言の起草者が自決の権利に注意を向けたとき、彼らがそれを民族《ネーション》ではなく人民《ピープル》の権利としたのは、たぶん一九一八年以降にヨーロッパを再建しようとして起こった破壊的混乱を避けようとしたためであろう。もっともその結果、事態が大きく改善したわけではなかった。自決の権利が既存の国家や領域的単位に与えられ、人民（それがだれを意味するにせよ）はその政府に帰属しまたその政府によって代表される、と単純に仮定するのでない限りは、「人民」を客観的に定義するのは、「民族」を定義するのと比べて特段簡単というわけではなく、実際にはそのむずかしさにほとんど差はなかった。

これら両文書の起草者が自分のやっていることを明確に認識していたかどうかはともかく、この原則は実際には、既存国家とヨーロッパの帝国の海外植民地すべてに適用されると事後的に解釈された。帝国の理念を守ろうとする人たちは、ソ連がロシアから引き継いだ、ヨーロッパの東端、バルト地域、そして中央アジアやその彼方の帝国的遺産には、この原則が適用されていないことを引きあいに出して引きのばし作戦を試みたが、たしかにソ連圏にはこの原則が真剣に適用されなかった。

また、ほとんどの政府は、革命を経て誕生した国家を承認する際、民意の尊重という民主的基準にこだわろうとはしなかった。アメリカは二〇年以上にわたって中華人民共和国の国連加盟を阻止することに成功したが、アメリカのもっとも親密な同盟国ですら、このように国境外でもイデオロギー的同化を強いて、国連憲章二条四項に明らかに違反するこのやり方に感心はしなかった。新独立国の領土回復運動も、革命国家と同じように一定期間大目にみられた。いくつかの植民地継承国家は、自分たちが継承した地域に隣接する地域を、さしたる国際的反発にもあわずに吸収して領土を確立できた。たとえばインドはゴアを、インドネシアは西イリアンや東ティモールを吸収したのである。もっとも東ティモールのケースは、論議を呼ぶことになった。インドネシアに併合された一九七六年までには、自決についての慣習的な解釈がすでに確立していたからである。それより前の一九五一年には、中国はチベットを吸収した。それは明白に前近代的なたぐいの征服だったが、国際社会は、チベットが正式の主権国家であったことは一度もなく、国際的認知も得ていなかったという理由で、中国の行動を受け入れた。だが一般的には、冷戦下では主権国家の国内政治上の取り決めを外部の精査にゆだねる事態を招くことには抵抗が大きく、ヨーロッパ植民地帝国の撤退と直接関係する場合を除いて、力ずくで領土を回復するのは許容されそうもなかった。

領土回復要求が完全に放棄されるのはまれであるが、ジブラルタルに対するスペイン、サバに対するフィリピン、モーリタリアに対するモロッコ、北アイルランドに対するアイルランド共和国、フォークランド諸島に対するアルゼンチン、中国本土に対する台湾といった、領土回復を構想する政府の野望は、現実には途方もない制約に直面した。スペインのジブラルタルに対する要求は、アフリカ諸国のあいだでは反植民地主義的な理由から好意的に受け止められたが、領土回復を要求する国々は、国際法により対外政策の手段としての武力行使が禁じられていた。また、ジブラルタルのケースはある程度例外だが、国連総会やほかの国際機関で領土変更に外交的支持を得るのは不可能であり、とりわけ米ソ両超大国の支持を得ることができなかった。

## 分離主義失敗の原因

むしろ脱植民地化を自決とする慣習的な解釈にとっての主要な問題は、分離主義である。結局分離主義者こそが自決をもっとも真剣にとらえ、もし自決が基本的人権なら、それが自分たちにも適用されるべきであるという、もっともな結論を引き出した。世界の舞台に影響が及んだ、冷戦期のカタンガ、ビアフラ、そしてバングラデシュの三つの分離問題をめぐる危機のうち、自決権の実質的な意味という観点からみればビアフラだけが真剣に議論された。カタンガ州をコンゴに再統合することは、国連の平和維持活動（ＰＫＯ）におけるソ連の影響を小さくする代償として、アメリカとしては受け入れる用意があった。学界には、東ベンガルの反乱を反植民地主義の観点から説明する論者もしばしばいたが、すでに見たようにパキスタンを東ベンガルから追い出したのはインド軍であり、バングラデシュの人びと自身ではなかった。

ビアフラ独立の企てが挫折したのは、バングラデシュとは違って、ビアフラには領土の現状維持という国際的コンセンサスにあえて反旗《はんき》を翻してまで助けてくれる有力な後ろ盾が、外部にいなかったからだった。フランスは多少それに近かったが、結局ドゴール大統領はアフリカ諸国の考え方に従ったのである。一九六九年までにコートジボワール、ガボン、タンザニア、それにザンビアの四か国がビアフラ政府を承認した。ほかにも多数の国がそれに追従すると噂されていた。一九六九年のアフリカ統一機構（ＯＡＵ）の首脳会議で、アフリカ諸国は独立時の国境を受け入れることを誓約した一九六四年のＯＡＵ決議を提案した張本人のタンザニアのニエレレ大統領は、仲間のアフリカ諸国の首脳たちに、このケースについては、誓約を放棄すべきだと論じたメモを回覧した。ニエレレの立場は、直裁《ちょくさい》で強力なものだった。彼の考えでは、植民地時代の境界を受け入れたのは、実際的な理由によるものであった。そうすることで、諸国の協力を容易にして紛争を最小限に減らし、開発と、アフリカのさまざまな人民の運命の改善に使われるべきエネルギーを解放するためであった。といっても、政府が統治する権利は、その住民全体に奉仕する能力に依存している。政府がその市民すべての生活を保護することができなくなったなら、そしてあるグループがジェノサイドの危険にさらされていると感じたなら、統治の正統性は失われる。このような状態になれば、既存の国境を受け入れるべきだという結論を当初もたらしたのと同じ考慮によって、分離支持論を提起できるというのである(1)。

責任《アカウンタビリティー》と良き統治《グッド・ガバナンス》を国際的承認のための適切な基準として定着させようとするこの試みは失敗した。おそらくそのことは驚くに足らないだろう。一九六九年までにOAUは、ほとんど指導者たちの組合のようなものになっており、自国の人民に対して真に責任をとっている政府はほとんどなく、会議に出席していた終身大統領や軍事独裁者たちは、国際的批判に対抗するために、自分たちを保護してくれる主権という防御壁を低くすることに興味はなかった。ほとんどの場合、国内の反対勢力は打ち負かされるか、国外亡命を余儀なくされた。また一般的に、分離主義者は国際法に訴えることはできなかったし、国連でナショナリズムのシンボルを独占していた政府を追いつめることもできなかった。

しかしながら、ニエレレが失敗したことの長期的な意味は、アメリカが中国を国際社会から破門できなかったこととはちがって、冷戦とはほとんど何も関係なかった。このエピソードは、冷戦が終わり、「真の」自決を基礎として国境線を引き直す機会が訪れたと論ずる人びとに、立ち止まってあらためて考えてみるよう迫る警告となろう。

## 民主主義なき自決？

一九八九年に東ヨーロッパで共産主義政権がトランプのカードのようにつぎつぎに倒れ、それに続いてソ連が分解したことによって、自称変革者たちが、分離主義的な自決の時代が到来したと夢想するようになった。そうなると主要な政治勢力はただちに彼らを批判しはじめた。一九九〇年三月にリトアニア議会がソ連からの独立を民主的に求める議決を行ったときですら、西側の政府は承認を控えて、リトアニアのナショナリストたちにモスクワとの妥協を模索するように促した。実際、「西側の理解からすれば、自決権とは東欧諸国がソ連ブロックから外れる権利を意味する」[2]のであって、ソ連内部の諸共和国が独立する権利であるとは解釈していなかったとするミーシャ・グレニーの観察は、かなり真理をついている。ひとたびソ連の中央政府がもたないことがはっきりすると、西側諸国の政府は今度はソ連をあたかも植民地帝国のように取り扱うのが利にかなっていると考えた。このようにして、ソ連がその構成諸共和国に分解することを、脱植民地化であると理解することで、慣習的な自決概念の解釈をそのままに維持できたのである。このように国際社会の構成理論をあわてて変更すると、今度はその問題性が、一方では、現地の共産主義政権が独自路線をとってソ連帝国に組み込まれないようにしていたユーゴスラヴィアで表面化した。そして他方では、民主主義を加盟資格としていたEUと欧州評議会で表面化した。

ヨーロッパ諸国は、旧ユーゴスラヴィアで相争っていたナショナリストに矛盾したシグナルを送りはしたが、結局は自分たちが設けた慣習的な自決権解釈に対する挑戦を結託して退けようとした。

EUは、バダンテール委員会を設置して、ユーゴスラヴィアの後継国家の承認を正当化するのに必要な民主的原則がその国内で守られているかどうかを確かめようとはしたが、まずはユーゴスラヴィアの分裂を防ごうとし、その後にあわててそれを承認する際にも民主的原則を尊重すべきという言葉は口先だけのものだった。同時にユーゴスラヴィアの外の国際社会は、旧ユーゴスラヴィア連邦を構成する共和国間の境界とかつてのソ連邦の後継国家の境界が、自分たちのかつての植民地の境界がそうであったように、後継諸国家の国際法上の法的人格の境界となるように多大の努力をした。この点から見ると、デイトン合意は慣習的な解釈の勝利を意味した。また、北大西洋条約機構（NATO）軍がミロシェヴィッチ大統領に、ユーゴスラヴィア軍をコソヴォから撤退させるように強制した一九九九年の合意もそうである。どちらのケースでも、正式の国家承認はおろか、分離も認められなかった。たしかにデイトン合意は、領土保全と同時に民主的選挙も定めている。しかしその結果、自決権についての新解釈が導入され、今後は、国内において連邦制もしくは何らかの連合政権によって権力を分け合うことが、国境を承認する条件になるかどうかは、依然はっきりしない。言い換えれば、民主主義によって既存の国家を転覆せずに維持するようにするには、領域的またはその他の基準にもとづいて、異なったコミュニティ内部の自治を保障し、その地位を保証することが必要になるのかもしれない。

民族自決の概念を、欧米的な自由主義的な意味での民主的価値と無関係に構成することは、可能である。政治思想の研究者として知られるプラムナッツに続いてミラーも、ヨーロッパの植民地の人民が見知らぬ帝国主義者ではなく地元の寡頭政治家に統治された方が、自分たちの運命をよりよく左右できると感じると考えても、何もばかげたところはないと論じている。[3] しかしこれは一般的ではない。自決のより普通の理解では、自決とは政治的自由を行使することを意味し、その自由によって人民が自分たちで政府を選ぶことによって自分のアイデンティティを表現することとされる。言い換えれば、人民は国家の最終的な正統性の源であり、よって人民主権の観念が民主主義の観念と分離できるとすれば、それは伝統によるか、それとも何らかの巧妙な集団主義の仕掛けによるしかない。もし人民に選ぶ余地があれば、彼らがつねに民主主義を選ぶかどうか、そして結果にかかわらず民主主義を選ぶかどうかは、それとは別問題である。いずれにせよ民主主義の勢力が冷戦に勝利した。この勝利によって、これからは自決への要求は民主主義の枠組みで提起されなくてはならなくなった。だが、それは根底にある政治的アイデンティティの問題を解決しなかったし、そもそもそれは不可能なことだった。つまり、すべての人民は自決の権利を基本的人権として持つが、自決としての分離独立の権利は存在しない。だとすると、既存の諸国家は世界の諸人民のさまざまなアイデンティティを適切に反映していると仮定されているということになる。この意味で、国家としての資格と主権を持てるかどうかを決定するのに、その国の何らかの社会的特徴よりも領土の方が優先されたということになる。民主的権利や民主的正統性を強調する政治的言説は、文化的に同質的な民族国家を連想させるが、現実にはほとんどの人民が、帝国の時代の終わり以来ずっと多文化的な多民族国家のもとで生きてきたのである。

これは政治的アイデンティティの問題に対する、あまりすっきりとした解決法ではないが、いまのところそれ以外の解決法が見あたらない。ところで民主的政府も含めた諸政府は、どうしてこのように強く領土の変更に反対するのだろうか。答えは一つではないし、いずれにせよこれから検討するように、現状の変更に対する障害は、だいたい実際的な障害である。しかしながら、主権、自決、それに分離独立の三つの関係についての過去の三つの型の論考を検討することは、われわれが民主主義に関する議論を進めるうえでの背景を確認するのに役立つだろう。

## 自由主義による解決

第一の議論は、分離独立は無秩序状態の回避や公共の福祉のために、問題外とされねばならないというものである。これはアメリカの南北戦争時代のアブラハム・リンカーンがとった立場であり、それよりずっと弱まったかたちではあるがブトロス・ブトロス＝ガリの『平和への課題』のなかでも生き残っている考え方である。すべての市民は憲法にもとづいて法律で保護される基本的人権を等しくもっている。この考えでは、少数派が多数派になるための唯一の方法は、多数派のなかの十分な人数を説得してつぎの選挙で意見を変えるように仕向けることである。言論の自由と結社の自由によって、原則的には少数派も、政府と平等な条件で人民の支持を求める競争をすることができる。

この議論は魅力的である。反対派が裏切り者であると見なされる理由もないし、政府自身の責任が定期的に問われ、選挙で敗北すれば交代させられるのである。問題は、一九世紀半ば同様に、現在もこれは世界の多くの場所の社会的現実を正確に反映していないことである。とくにハリー・ベランが指摘したように、これでは構造的に深い分裂のある社会に対処できないのである。[4]ジンナーが一九四〇年代に全インド・ムスリム連盟のために提起した議論は、インドにおけるムスリムは、不可避的に自分たちの政治的運命を定めて制約するという意味で、独自の人民であるということだった。彼らは自分たちを、ムスリムとしてしか見なすことができず、自分たちが多数派になることは、予見できるどんな状況下でも期待できない。このような議論にもとづいて、イギリスは最終的に、インド分割という議論を受け入れたのである。

この決定が賢明だったどうか、あるいは必要なことだったのかどうか、インドとパキスタンの両国の歴史家やナショナリストのあいだで議論が続けられるであろう。ここで問題とされるべきポイントは、一九四七年八月一五日に権力が委譲されるまで、イギリスが事態を掌握しており、決定を下すことのできる立場にあったということである。だが国際社会には、人民が市民というよりも民族的もしくは地域社会的なかたちで自分のアイデンティティを主張している社会での紛争を解決するような権限はない。また国際社会の側はそんな権限を獲得することに興味を示していないし、紛争解決のための手段として分離独立を活用することにも乗り気ではない。

容易に予想できることだが、いかなる場合でも分離独立を認めないという態度は、ぞっとするような結果を生んできた。一九九一年にクロアチアが独立を宣言したあと、その新政府は国際的承認を得ようとして、セルビア人の権利を保護する立法を行った。問題は、セルビア人はこれで安心することはなく、あくまでザグレブのクロアチア政府に抵抗したことである。クロアチアがアメリカの仲介したボスニア問題の解決に合意するまで、クロアチアのクライナ地区でセルビア人に対して行われた民族浄化にも見て見ぬふりがなされた。同様に、一九九四年にルワンダで、ツチ族によって結成されたルワンダ愛国戦線（RPF）がキガリに近づくと、フツ族が支配していたルワンダ政府は、降伏ではなくジェノサイドをはじめた。こういうケースでは、リンカーン流の見事な市民主義的議論は、紛争の両当事者の願望を満たさないだけではなく、彼らの恐怖を静めることもできない。

分離主義者に自決権を認めることに対するもっとも明白な反対論は、分離独立をすれば、必ず新たな少数派が生まれるということであり、たまたま分離した新国家のなかに住んでいるこのようなグループにとっては、現状の方が新たな取り決めよりも望ましいというものである。ナショナリストは、オムレツをつくるには卵を割る以外にないと反論するかもしれないが、これは割られてしまう卵にとっては大した慰めにはならない。このジレンマに対するベランの合理主義的リバタリアン流の解決は、分離独立の権利を認めるかどうかを、遡及《そきゅう》的自決の原則を認めることを条件にするというものだった。言い換えれば、分離独立は、新政府が同じ権利をその管轄《かんかつ》下にある少数派にも与える用意があるという条件を満たす場合に限って認めるということである。またその少数派が新たに独立したときも、自分たちの人民を同様に取り扱わなくてはならず、結果としてどこか他国にたまた所属させられてしまったり、不満をもったままだったりするグループがいなくなるまで、そのまま繰り返されるべきであるというのである。

このような巧みな提案にも、二つの反論がある。第一に、これによって諸政府が非常に恐れているさまざまな分離要求やそれに対する反対でいっぱいのパンドラの箱に、フタをしておくことが実際にできるにしても、世界中のどの国の政府もこれを真剣に受け入れそうもない。たとえばこれでは、カナダのケベック党は自分たちの要求しているのと同じ権利をカナダの先住民に適用しなくてはならないが、先住民はすでにこれに反対しているので、ケベックがカナダから独立するのは不可能になる。反対派の権利を具体的な要求のまえに認めてしまえば、それは反対派が政府を不安定化を招来するようなもので、資産分割をめぐる際限のない訴訟が起こるだろう。しかも権利を認めるには競合する要求のあいだで一定の合理的な議論をする必要があるだろうが、そもそもそれができないのが、分離主義的紛争の特徴なのである。

第二に、以上の問題が解決できても、この提案には理論的な反論がある。いったんプロセスがはじまってしまうと、現状の方が（たとえば、ケベック人であるとともにカナダ人であるというような）複数のアイデンティティを維持したり、多民族国家のなかで私的空間を維持したりするのに都合がいいので望ましいと思っている人たちも、どのグループに属するかを選択すると宣言するよう強いられることになる。これは、ユーゴスラヴィアで一九九一年に実際に起こった。遡及的自治という考え方は表面的には合理的な議論だが、それによっても依然として、偶然によって人びとの帰属が決まってしまう。これに対する反論は、このやり方の方が、自決権を尊重することによって民主主義に対する国際的コミットメントの信頼性が強まるというものである。もしかするとそうかもしれないが、それによって世界がより平和で寛容な場所になるかどうかは、大いに疑わしい。

## 歴史にもとづく解決

第二の議論は、二つ以上の強力な民族集団が投票箱を通じて国家を掌握しようと相争うと、民主主義は維持できず、政治的自由が破壊されるだろうというものである。これはミルの書いた『代議制統治論』にある分離独立擁護論で、権利を根拠にしない、手段的な議論である。この書物は一八六〇年に書かれたのだが、一九九〇年代はじめにユーゴスラヴィアで起こったことの、ほとんどありえないほど見事な予言として読める。ミルの議論には、歴史主義が暗に織り込まれている。非ナショナリスト的あるいは市民的民主主義（civic national democracy）が生まれるのは、異なった民族がナショナリズムと民主主義以前の時代から、共通の権威のもとでともに生活することに慣れている場合に限られるというものである。しかしながら、もし民族的自意識と「自由な制度」を求める欲求がともに芽生え、そのときにいずれかの民族も覆うような政治文化がなければ、民主主義は正統性の源泉というよりも確実に紛争の種になるだろう、というのである。

ミルの議論の長所は、抽象的な意味での集団的権利よりも、特定の結果に関心の方向が向いていることである。彼の最優先の関心は、人間の自由をどのように守るのかということであって、彼がある種の条件のもとでは分離独立を提唱したのも、それが自由に資するからであり、特定の民族文化や生活様式を守ることそれ自体が目的ではない。後者の目的に強くコミットしている人びとにとってミルの議論がそれほど魅力的でないのは、一国の民主主義の基礎となるには数が足りない少数民族に対して、ミルが無関心だからである。ただし、このような限定的な分離独立擁護論を除けば、ミルはリンカーンに劣らず分離反対であった。だが、少数派の不満は教育によって克服できるという、ミルの同化主義的な前提は、善意にもとづく場合なら非常に長期的には当てはまるかもしれないが、世界の多くの地域における出来事によって反証されてきた。

とはいえ、ナショナリズムや民主主義についてのミルの簡潔ながらも鋭い観察から、なにか有益な知見を引き出せるかもしれない。国境を画定するのに満足のいく先験的な基準はなにもないのだから、なりゆきでそうなったという実際の国境のなりたちにしっくりこなくても、既存の国境に絶対的な地位を国際社会が与えることで、事態を収拾してきた。それは、現実に国境が変化すると、新たな地図はただちに神聖視され、結果として古いものと同じくらい交渉の余地のないものになるという事実とは平仄《ひょうそく》があわない。これらの国境の防衛のために起きた破壊と人的な災禍の程度に思いを致すと、政治家も学者もそして法律家も、一般にそうしているよりも柔軟になった方が賢明であるのかもしれない。分離独立には少数民族とアイデンティティの問題がどうしてもついて回るが、それでも次善の解決の方が、まったく解決がないよりもよい時があるのかもしれない。もしそのように折り合えないのなら、より陰鬱《いんうつ》で伝統的な選択肢が残ることになる。

## 闘争によるアイデンティティの確立

第三の議論は、民族の存在が民主主義の前提条件であるにせよ、民族は過去同様未来にも、押しつけられた帝国的主権に対する闘争と自己主張のプロセスを通してのみ創造されるであろう、というものである。この議論は、イギリスの政治家であるイノック・パウエルによって冷戦直後に出されたものだが、たしかに説得力はあるものの必ずしもエスニックな論理によっているわけではない。パウエルによると、代表政府の本質は多数決である。どれほど憲法的取り決めが社会のさまざまな勢力の提携を規定しても、統治連合から置き去りにされる政党や利害はつねに存在するだろう。それでは、少数派を説得して多数派の統治に納得させるものは何か。リンカーンは、それは反対派にとって有利なかたちに世論が変化することによって政府を変えることのできる機会であると考えた。しかし成功の分は悪く、もし分離独立を果たし権力の座について事態に影響を与えるチャンスがあるのなら、彼らは待つ理由はない。パウエルの答えは、もし日常的に人びとを分かつイデオロギー的、経済的、あるいは政治的な利害を越えて人びとを結び付ける帰属意識があるのなら、少数派は多数派の支配に我慢するだろうというものだった。

このようなコミュニティを人為的に設計してつくることができるかどうか、少なくとも外部の力でつくることができるかどうかは、明らかではない。しかし、われわれにわかっているのは、すべてとまでは言わないがほとんどの民族国家が、民主的な制度を発展させたのは長期にわたる国内外での反目や闘争の末であるということである。アメリカですら、自分たちが二つではなく一つの人民だということを証明するのに、南北戦争を経なくてはならなかった。ルナンの有名な言葉にあるように、集団的記憶喪失こそが、共通の記憶や伝統とならんで、ほとんどの民族にとって決定的に重要な特徴である。巨大な富にはその背後につねに巨大な犯罪があるというのが本当かどうかはともかく、過去における巨大な残酷性と不正義のいずれかあるいは両方に基礎を置いていない大国を（あるいはこの点では小国ですらも）思いつくのはむずかしいのである。

この議論の問題性はあまりにも明らかである。民主的な世界がどのように生まれ維持されるのかという疑問に対する説明としては、それは説得力があるが、他方それがわれわれに剣によって生活するよう運命づける限り、というよりむしろわれわれが何者かを剣によって定義させる限りは、われわれは道徳的反発を感じずにはいられない。それ以上に、自衛を除く武力行使の法的禁止を受け入れているのは、自由主義的な国だけではなく、イデオロギー的には立場の多様な諸国の政府も受け入れている。こう見ると、二〇世紀の戦争が戦われたのは、少なくとも部分的には、国際的にも国内的にも、剣の支配をなんらかの立憲的統治にきりかえるためだった。このプロセスは冷戦によって中断され、国際秩序を維持するうえで国連の役割は周辺的になった。一九四七年から一九八九年までのあいだ、超大国の保護と支援はしばしば左右両陣営内の専制政体にも与えられたのである。しかし、一九八九年以降噴出した人びとの自治への渇望が逸脱現象であることを示す証拠はない。政治的な自意識をもったグループすべての望みを反映させるように、国境を引き直すための合理的なルールを考案することは、わたしが論じてきたように不可能かもしれない。それでも国際社会で自決をほかのやり方で解釈することができないかどうか、という疑問はまだ残っている。

# 6 再評価

## 認められにくい自決原則

諸国の政府が、未知の領域では極度に慎重にことを運ぼうとするだけではなく、変化が必要または望ましいということすら認めようとしないのは、驚くに足らない。そしてある意味では、それほど多くのことが変化しているわけではないのも事実である。自決を脱植民地化と理解する慣習的な解釈は、国際的な認知の話であって、必ずしも現地の状態について語っているのではない。たとえば過去五〇年間に、チャドとレバノンは国際的なレベルではその主権も領土的一体性も維持されたが、事実上は何回か分割された。アジア、アフリカ、ラテンアメリカの多くの国々では、国土全域で主権理論が国内に関して暗に前提としているような意味では、国内秩序が確立されたことが一度もなく、つねに武装反乱状態で、何年間もずっと中央政府の司法権が及んでいない。しかし、反政府勢力が国際レベルでの政府の正統性を脅かしたことは、まったくといっていいほどなかった。

これまでのところ、冷戦後の国際社会の拡大局面で、ソ連の分解と共産主義の崩壊は一種の脱植民地化として受容されてきた。アルメニアやアゼルバイジャンは独立国家として承認されたが、アルメニアによるナゴルノ・カラバフの占領は、一九六七年以来のイスラエルのゴラン高原占領と同様、国際的に認められていない。どちらの場合も、占領は当事者には戦略的な現実として受け止められているが、法的な意味ではこれらの占領は不正常な状態と見なされており、今後解決すべき政治課題として残っている。

同様に、国際社会はロシアに追従して旧ソ連の諸共和国の主権と独立を承認した。それはちょうど、一世代前にイギリスやフランスにならって旧植民地のナショナリスト政府への権力の委譲を承認したのと同じである。このような類推はさらに進めることができる。イギリスとフランスの脱植民地化が進行している際にも、コルシカの分離主義者やアイルランド共和軍（IRA）暫定派の活動は、決して反植民地運動の一部とは見なされなかった。たしかにイギリス、フランスの両政府は国連安全保障理事会の常任理事国であり、「国内における」自決要求を国際問題にしようとする企てに抵抗するのに強い立場にあったのも事実だった。だが、一九六〇年に出された「植民地独立付与宣言」（総会決議一五一四）を、コルシカや北アイルランドのようなケースにも適用するべきだとする運動が反植民地主義者のあいだで続いたわけでもなかった。ほかにも理由はあったが、もしこのような要求を無理に通せば、ウティ・ポッシデティス（*uti possidetis juris*：現状承認の法理、一定時点における占有状態を法的に承認すべしとする法理）の原則を、脱植民地化の文脈で交渉の余地のない国際的規範として確立しようと懸命に努力しているまさにその時に、それを損なうことになってしまっただろうからである。

冷戦後の世界では、ロシアはチェチェンで続いている危機への対処に対する国際的批判を、うまくかわせなかった。だがこのような国際的批判ですら、モスクワがチェチェン人に独立国家創設の権利を与えるべきだという国際的圧力にはまったくならなかった。社会学的および歴史的な意味では、チェチェンの独立要求には、たとえばベラルーシよりも説得力があったかもしれない。しかしチェチェンはロシア連邦の自治州なので、慣習的な解釈にぴったり適合する独立のための法的資格を事前に備えているとはいえなかった。それを認めようとでもすれば、ロシア（イギリスやフランスとまったく同じように安保理の常任理事国の座を占めていた）から抵抗されただけではなく、国際社会全般から危険な前例をつくるものだと見なされたであろう。

以下の三つの考察が、自決の問題を再検討することに諸国政府が消極的である根本的理由を説明するのに役立つだろう。そのおのおのは、一つの理論的な問題の異なった側面を表している。

## 武力で自決を勝ち取れるか

第一は、自決原則（それがどのように理解されようが）と、国境変更のための意図的な武力行使が禁止されていることとのあいだで、折り合いをつけるのが明らかに困難なことである。歴史的には、国境線を書き換えるための武力行使は至極普通の方法のひとつだったが、一九四五年に国連憲章は征服の権利を否定した。この新たな制約はいわば前述のウティ・ポッシデティスというコインの裏側だった。既存の国家の政府とその継承体制がこの原則を受け入れるのには問題はない。そういう国の領土は、国民主権や普遍的人権が意識される前に確定していたからである。しかし時計の針を巻き戻して、支配権を新たに確立するのを、武力行使という一般に誤っているとされていることによって実現しようとするとなると、話はまったく別である。

主要国がボスニアであのように実際に行動したのは、ボスニアの政治状況を武力によって変えようとする企てが、国際社会の規範の枠組みのまさにもっとも脆弱《ぜいじゃく》な部分をついたからにほかならない。一九九五年にオハイオのデイトンでいちおう和平が仲介され、NATOの平和維持軍がなんとかそれを維持していたが、その和平は西側諸国が領土保全の原則を維持するのに、いかに多くの努力をしたかを示している。そのまえの四年間で征服され、民族浄化が行われ、その上で外からの住民が移り住んだすべての領土を、もとの所有者に戻すのは不可能であった。そこでボスニアを比較的緩やかな連邦制国家にしようという取り決めが結ばれたが、たしかにもし国際軍が継続的に展開していなければこの連邦が生きのびたかどうか疑問である。だが国際軍が駐留する限り、ボスニアの政治的アイデンティティと領土的一体性は維持され、それがいずれ新たな現実を作り出すかもしれない。もしこういう結果になれば、国際社会は、国際的な認知を求めていた国家の国境という対外面だけではなく、その国内の憲法的な取り決めをも左右する権利を、十分に行使するのに成功したということになるだろう。最終的な結果がいかなるものになろうとも、領域的な自決に関しては、デイトン合意もコソヴォに関する合意も、慣習的な解釈を修正したというよりもむしろ強化したのである。

## 地域不安定化の問題

第二の理論的問題は、新国家が国際的認知を得たことで、その国家周辺地域に波及効果が生じることや、もしくは地域全体が不安定化することを防ぐのにはどうしたらよいのかという問題である。ウティ・ポッシデティスの教義は、一九世紀のラテンアメリカで、破壊的で際限なく続きかねない領土回復要求をめぐる紛争に終止符を打つために定式化されたものである。一九四五年以来このドクトリンは、とりわけアフリカ諸国によって重宝された。アフリカの諸政府は、継承した領土の正統性に関して少しでも譲歩すれば、さまざまな領土要求でいっぱいのパンドラの箱が開かざるをえなくなることを恐れたのである。そのため、ウティ・ポッシデティスはOAUの基礎に早い段階で織り込まれた。そのためモロッコ（一九六九年まではモーリタニアの領有を主張し、その後も西サハラの大きな地域の領有権を主張している）も、ソマリア（オガデンとジブチそれにケニアの北東の州の領有権を主張した）も、自分たちの要求に反対する外交の壁を突破することができなかった。また、エリトリア人は一九五二年に自分たちの希望が無視されたかたちで編入されたエチオピアから分離しようとしても、少なくとも表立った外交的支持は得られなかった。[1] エリトリアが最終的に独立に成功したのは、自決要求の正統性に対する新たな認知基準が出てきたからではなく、ソ連に従属していたエチオピアの政権がソ連に見放されたのちに生じた、権力の真空によるものだった。ティグレ人がこの権力の空白を埋めてエチオピア政府を支配し、その新政府は同じくティグレ人であるエリトリア人民解放戦線（EPLF）と連合し、それに大きく依存するようになった。そのEPLFのライバルだった別の独立運動組織であるエリトリア解放戦線（ELF）の勢力が一九七〇年代に弱まってからは、エチオピア軍をエリトリアに釘付けにし、少なくとも夜のあいだはエリトリアを統治不能状態にするほど有力になっていたのである。そのため九一年に誕生した新エチオピア政権は、エリトリア独立に道義的にも現実的にも抵抗する立場にはなかった。それでもなお、ほかのアフリカ諸国は、OAUでケリをつけたはずの領土をめぐる問題を再び悪化させることにつながる危険な前例ができたのではないか、と懸念したのである。

だがこれは杞憂《きゆう》だった。東ティモール人同様、エリトリア人は、自分たちの国家を要求するのは、自決とは脱植民地であるという慣習的な解釈を攻撃することにはならず、むしろそれに準拠しているのだ、という議論をずっと展開してきたし、それはうまくいかなかったがあながちまちがいでもなかった。エチオピア（その政府自身も、一九世紀のアフリカでの植民地争奪戦に参加した）とは違って、エリトリアはイタリアによって植民地化され、第二次世界大戦後はイギリスに統治されたが、戦後大国がその処理に合意できなかったために、国連総会によってエチオピアの一部として編入された。[2] こうみるとエリトリアの独立は、旧植民地だけが国家として独立する資格を主張できるというOAUの正統な論理を、状況に当てはめただけだということになる。独立を要求する潜在的勢力でこの基準に合致する集団はほとんどいない。その少数の例外のひとつが、ソマリランド共和国を宣言した勢力で、それはイギリスの旧保護領から成っているが、エリトリアはこの勢力の独立を求める声には、ほかのアフリカ諸国政府と同様に好意的ではない。

エリトリアは、一九九三年に国際機関が厳重に監視した住民投票で九九・八パーセントの住民がエチオピアからの独立に賛成したので、結局国連とOAUへの加盟が認められた。住民投票が加盟承認の条件だったので、この事例は国際社会のメンバーになるための、新たな民主的基準が確立した根拠として引き合いに出されそうである。もしかするとそのような基準が確立したのかもしれないが、住民投票はこの国家の将来の行く末については大した意味のない、単なる通過儀礼である可能性の方が高い。エリトリアの住民投票は、エリトリア内の少数派に自決権を与えなかっただけではなく、五年間にわたって政党活動を禁じ、それ以降は民族的、言語的、あるいは宗教的な相違にもとづかない限りにおいて活動が許されることになった。住民投票で、あれほどの圧倒的な多数の信任を得たあとで、なぜこのような制限が必要と考えられたのか不思議ではある。ともあれその五年が経たないうちに、新国家はエチオピアとの激しい領土紛争にかかりきりになり、自由化に期待のもてる将来の見通しはなくなってしまった。

一九九九年までは、東ティモールの民族運動は、EPLF同様慣習的な解釈に沿っていると主張していたが、インドネシアとの強制的な併合状態を変化させようとしても大した進展のない状態だった。国連で懸命に運動を繰り広げ、ポルトガルからも支持を得て、国際的な同情も広く集めたが、現実の占有状態がだいたいのところ法のありようも決めてしまう現実は変わらなかった。しかもインドネシア政府は、エチオピアのメンギツ政権がソ連に依存していたのとは違って、外部のパトロンに依存していたわけでなかった。このような状況ではウティ・ポッシデティスの原則は、より字義どおりの意味をもつ。この状況は、スハルト大統領の失脚を招くことになった金融危機によって劇的に変化した。国連が管理した住民投票のより広範な意義については、本書の第Ⅳ部で検討する。しかしここで記すべきことは、東ティモールに対する国際的な支持は、アチェやその他の分離独立にはつながらなかったことである。インドネシア諸島の東ティモール以外の部分は、かつてオランダ領東インドに属していたのである。したがって、アチェを含むインドネシアの領土的一体性を維持することは、民族自決とは植民地からの一回かぎりの独立を意味するとする伝統的な解釈に合致していた。



## 独立を認めるのはだれか

自決に関する三つ目の問題は、独立を決めるのが原則として独立する主体自身であることと、それが国際社会の参入ルールであることの折り合いをどのようにしてつけるのかという問題である。国連憲章が、主権の原則の論理的帰結として領土保全を極度に強調していることから、国連は分離独立そのものはともかく、それを一方的に行うことに反対する立場にコミットしている。既存の国が解体することは、一九〇五年のスウェーデンとノルウェー、一九二一年のアイルランド自由国とイギリス、一九六五年のマレーシアとシンガポール、また一九九三年のスロヴァキアとチェコとの例にみられるように、それが交渉の結果であれば原則として何の問題もない。それでもなお、交渉による分離独立によって国際的承認への道が開かれるかもしれないが（多分ブトロス・ブトロス＝ガリ事務総長が国連は新メンバーに門戸を閉ざしていないと言ったとき、彼の念頭にあったのはこれだろう）、民主的な政府ですら自分たちの権威に対する領土的挑戦は、たとえ平和的なものであっても歓迎はしない。

カナダのケベック州独立問題の場合のように、このような領土的挑戦が差し迫ったものと認識されたときに起こりそうなことは、追いつめられると分離要求を退けようとして政府が慣習的な解釈を持ち出すことである。一九九六年、カナダ政府は二つの問題をカナダの最高裁判所に付託した。それはまず、「カナダ憲法もしくは国際法にケベック州議会、あるいはケベックの立法府や行政府が、一方的にケベックの独立を宣言する権利を認める規定があるか」ということと、そしてもしこの問題でカナダ法と国際法が衝突した場合には、いったいどちらが優先するのかということだった。(3)

カナダの最高裁判所は、カナダ連邦政府が助言を求めた二人の外国人専門家の意見を支持した。この二人の国際法専門家の結論はつぎのようなものだった。「植民地の文脈の外では、国土の一部の住民が、言葉の通常の意味で単一もしくは複数の人民を構成しているかどうかにかかわらず、その住民の多数投票を根拠に、一方的に分離独立する権利は認められていない」。この専門家は二名とも、つぎのようなただし書きをつけて、自分たちの主張に保険をかけているのも事実である。「自決権の原則が発展し、植民地主義だけではなく、人権侵害が目にあまるものになったり非民主的な体制が生まれたりすると、一方的分離独立の権利をもてるということになるかもしれない」。それでも、このように想定された発展がケベックに当てはまらないという点では、彼らの意見は揺るぎのないものだった。

### 変わりゆく主権の内実

他方で、内戦で苦しんでいる多くの国々の近年の歴史は、主権と自決の概念が、この二〇世紀の終わりにはその始めと同じくらい、論議の的になっていることを示している。しかし、現代政治では主権概念の意味を疑問の余地のないところまではっきりさせることができないので、主権概念そのものが時代遅れであるという考えが根強い。したがって、主権が現代の世界政治の分析にもはや適切ではないという、流行の主張に立ち戻って、この章を終えよう。主権に対するこのような非難は古くからあり、究極的にはそれは権威《オーソリティー》と権力《パワー》のあいだの緊張を反映している。権威と権力が同義でないことは明らかだが、片方だけを持つことができるかどうか、もしできるとしてもいつまで続けられるのかというのは、論争のある点である。

主権に対する懐疑論には強い種類と弱い種類がある。主権をまったく拒否する人びとは、国家は世界政治において、その伝統的な中心的役割をもはや失っており、単なる多くのうちのひとつの行為主体、それも最重要とはいえないこともしばしばある行為主体にすぎないと主張する。弱い種類の議論は、より説得力があるが、国家はいくつかの特性、たとえば国民経済を自分のものとしてそれを意のままに操る力は失ったが、ほかの特性、たとえばその市民の福祉を確保する責任は、依然として維持していると論ずる。この考え方に立つと、国家は主権を失ったのではなく、その中核的な機能を果たすには急速に変化しつつある国際環境に適応しなければならないだけである、ということになる。

国家は立ち枯れてはいないが、とりわけ経済のグローバル化のまえに、国家の能力はたしかに限定的になった。この限りでは、国際社会での国家の資格が経験的なものから法的なものへと変化したということは、ロバート・ジャクソンが脱植民地国家との関連でその議論を展開したときよりも、今日の方がよく当てはまるかもしれない(4)。

近代ヨーロッパの国際システムにおける主権の意味と、一九四五年以降の国連におけるその解釈とを、ジャクソンは対照的に描いた。もともと主権国家には、支配者はその権限を自分が管轄権を主張する領土のすみずみまで及ぼすことができるという前提があった。国家がお互いを認知し、外交関係をもち、そして戦争状態に入ることでですら、このような現実があればこそである。もしある政治共同体がこの程度の能力すら欠く場合には、生き残ることができないか、国際社会に受け入れられることがないかのいずれかだった。そのような政治単位は、無主の地（*terra nullius*）と見なされ、隣国あるいはもっと遠くの国の帝国的野望の餌食《えじき》になる可能性が高かった。もちろん地理的に他国から隔絶していたり、貴重な資源をもたない場合には吸収を免れたかもしれないが、固有の独立の権利はもたなかった。しかし一九六〇年に、植民地帝国は正統な政治形態とは認められなくなり、そのすぐあとにヨーロッパ諸国は、経済的な自立性を植民地独立の条件とするのをあきらめた。帝国によって引かれた国境をもつ植民地であるというだけで、独立資格は十分になったのである。新たに独立した諸国は、政治的にも経済的にも自分の努力だけで生きのびていく能力を欠いていた。そのためこれらの新興独立国は、事実上国連に保護される立場に立った。それでも、このような国際的法秩序が、これら国家の権威と法的独立をする権利を支えるのに利用され、恐らくはその能力不足を補ったが、それでも力不足は覆えなかった。

## 主権はいまでも重要

冷戦後に登場したかにみえる仮想的主権国家からなる新たな世界は、経験的な意味で独立に要する条件が、新興独立国だけではなく国家全般についていっそう緩くなっているという意味で、法的主権国家からなる世界とは異なる。この限りにおいて、主権に対する批判者は正しいのかもしれない。彼らがまちがっているのは、主権を利用することがいまや何の目的にも資することがないと考える点である。最初に鉄橋をつくるときに、木製の橋と同じように鉄のほぞ穴にほぞで接合し、既存の慣れ親しんでいる技術を応用して橋を建てたように、グローバルな市場も慣れ親しんだ概念を捨てるのではなく、それを応用することで構築されつつある。たしかに物理的な国境は、国境を越える経済の流れやその他の力によって、ますます簡単に透過《とうか》されるようになっているが、領土それ自身は逆説的にも、いっそう神聖視されるようになったのもまちがいない。その主要な理由は明らかに、領土は人民に帰属すると考えられていることにある。アメリカがルイジアナをフランスから買ったり、アラスカをアメリカの主権下に移すことと同じようなことを、今日の世界で想像するのはむずかしい。バークの言葉を言い換えれば、現代政府は、「知識人や経済通やエコノミスト」に預託《よたく》されているが、彼ら専門家が管理している領土、そして人民が領土にもつ一体感は彼らにはどうしようもないのである。このように考えると、領土に対する既存の所有権は、国際社会のメンバーとなるのに、どのような場合にも不可欠というわけではないが、重要な資産なのである。

ここでも、変化と同じくらい継続性があるように思われる。一九七〇年代には、インドは歴史の潮流を認めて、ブータンの外交政策に助言（*un droit de regard*）する権利を維持しつつも、ブータンの国連加盟を容認した。同じ譲歩は、イギリス支配のインドとしっかり統合していたシッキムには与えられなかった。一九九〇年代の前半にソビエト帝国がそれぞれの国や地域に分解していったとき、アンドラとサンマリノという西ヨーロッパの二つの極小国家（その国際的人格はそれまで主として郵便切手の発行によって表現されていた）が、ほとんどだれも気がつかないうちに、国連に加盟した。

冷戦後の時代には、世界は政治・経済の両方の理由から、このような国際社会のメンバー資格の調整が必要である。グローバル化によって、民族的な政治経済の一体性というリストの語った理想の説得力は弱まってしまったが、[5] 民族的な政治的自立が魅力のないものになったわけではない。たとえば、東ヨーロッパや旧ソ連で復活しつつあるナショナリスト政党のなかに、保護主義やましてや自給自足経済を提唱する者がほとんどいないのは注目すべき事実である。むしろ、自決とは自由化された市場で対内投資を引きつける競争に参加する権利として理解されているとみるべきなのだろう。これとは対照的に、EUはその加盟国に対する規制の枠組みをつくり、それによって加盟国が国際貿易交渉で一つの単位となって交渉することを義務づけた。またほかの手段でも、加盟国が単独行動をとる能力を制限している。だが同時に、西ヨーロッパ一円で、国家をもっていないが歴史的な政治的アイデンティティをもっている地域において、ナショナリズムの高まりが見られる。カタルーニャからスコットランドにいたるまでのそのような地域を支持する人たちは、現在の国家がブリュッセル〔EU〕で自分たちの代表となるより、直接ブリュッセルに自分たちの代表を送るか、あるいは現在の国家の代表とともに自分たち自身の代表もブリュッセルに送ることに利点があると考えている。EUの存在のおかげで、諸国の中央政府は、自決の名のもとに分離や分権を求める国内の要求に対処する際、より柔軟になることができるのかもしれない。

ただし、西ヨーロッパが世界のほかの場所のモデルであると仮定するのは、明らかに危険である。西ヨーロッパでは、国家は他地域と異なった先行条件をもち異なった軌跡をたどって発展してきた。他方で、アラン・ミルウォードが論じてきたように、[6] もしヨーロッパ共同体がヨーロッパ流の超国家ではなく、諸国家が自分たちの生存を確保するためのメカニズムであると理解するのなら、ほかの地域やほかの大陸の主権国家も、同じくらい機転や創意を働かせて生きのびていても何の不思議もない。

# 第Ⅲ部

# 民主主義

# 7 歴史上の前例と文化的前提条件

## 奨励される民主主義

冷戦後には民主主義の美徳が、あらゆる勢力によって擁護されるようになった。国連事務総長のブトロス・ブトロス＝ガリは、『平和への課題』のなかで、「地域社会内で、国家内で、そして諸国家からなるコミュニティ内で、社会的存在のあらゆるレベルで民主的原則を尊重することが決定的に重要である」[1]と述べた。ほぼ同じころ、欧州評議会と欧州連合（ＥＵ）は西側志向を強めていた旧共産主義諸国に、自分たちのクラブに入会するまえに民主主義国としての資格を満たさなくてはならないと指摘していた。コモンウェルス（英連邦）は一九九一年にハラーレ宣言を採択し、加盟国が「この機構の基本的な民主的価値を増進するために、一段と大きな努力を払う」ことを誓約した。四年後、コモンウェルス諸国はさらにこれを押し進め、ハラーレ原則で言及した「〔民主主義に対する〕継続的で深刻な侵害に対処」するために、常設の外相委員会であるコモンウェルス外相行動グループ（CMAG）を設置した。[2]

唯一の超大国として際だった存在になったアメリカはというと、民主主義の楽観論を熱狂的に支持（そもそも楽観的な民主主義論はアメリカ製だという人もいる）したクリントン大統領の、国家安全保障担当補佐官であったアンソニー・レイクは、「封じ込め戦略のあとは、拡大戦略でなくてはならない」とし、この戦略が「われわれのもっとも基礎的な利益が民主的変革と市場変革の強化確立にあるという信念」にもとづいていると続けた。[3] アメリカがずっとこうだったわけではない。封じ込め戦略の立案者だったジョージ・ケナンは、アメリカ人が自身の政治制度を人類全体のモデルだとみなす傾向があると嘆いていた。一九七〇年代の半ばに、ジミー・カーター大統領は、しばし倫理的な外交政策という考え方をもてあそんだが、当時ケナンはつぎのように論じていた。「極度に頑固かつ独断的で、しばしばもっとも野蛮な性格を持つ人物が権力の座につく、という意味での失政は、過去数百、数千年、人類のほとんどにとってありふれた状態だった。米国がいかに勇敢に〔ドンキホーテのように〕風車に立ち向かうとしても、それは末長く人類の状態であり続けるだろう」。そしてケナンは、アメリカ人はそのエネルギーを、もっと有益で実効性のある行動ができる分野に集中した方がよいとし、「このような分野は民主主義の大義とはあまり関係がないのが実情である」とした。[4]

以上のように、国際関係の性格と可能性に関して、過去四半世紀のあいだにそれまでとは異なった考え方が生まれたが、実際にはこの四半世紀に何がどれほど変化したのだろうか。国家の内部構造を国際社会が決定することができるのだろうか。また、国際社会そのものを民主化することはできるのだろうか。すでに見たように、国際社会の性格についてすら意見が一致しないという点だけからでも、この疑問に合意をとれる答えを見つけるのは期待薄である。ブトロス＝ガリの主張するように、民主主義を増進することそれ自身が目的であり、理想としてはそれはあらゆる人間の生与の権利の一部をなす条件であるということに反論を唱える者はあまりいないが、民主主義の増進が、彼の言うように「国際の平和と安全を維持するための国連の責任の一部」といえるかどうかは、大いに議論の余地があろう。以下の二つの章の目的は、なぜ、そしてどのようにして民主主義が現代の国際関係でかくも飛び抜けた地位を占めるようになったのかという問題を検討し、その結果現れてきた機会だけではなく、問題も素描することである。

国際社会の物語は、以下の二つのいずれかの方法で語ることができる。標準的なやり方はすでにみたが、もう一度簡単にみてみよう。国際社会の登場は一七世紀の半ば、ヨーロッパにおける宗教戦争後の平和条約にさかのぼる。これらの条約は、「統治者の宗教が領民の宗教となる」という方式によって、主権者からなる社会のための、一種の準憲法的な秩序を設立した。この社会の成立につづいて、国際法、外交、それに恐らく勢力均衡、大国の特殊な特権および責任、および戦争という三つの秩序維持のメカニズムといった主要な制度が、発展し洗練の度を増した。(5)

## 変わらぬ国際社会の本質

この国際社会が登場した当初は、その境界はおおむねキリスト教世界の範囲と一致していたが、その後の二世紀でこの社会はグローバルな広がりをもつようになり、戦略的、地政学的、経済的、それにイデオロギー的競争の様相を呈しながら、ヨーロッパから輸出された。この社会のメンバーには、絶対君主はおろか世襲制ですらない設立メンバーのスイスとオランダのような分権的な共和国もあったが、大半の国家が君主制であり、それが基準となったのである。よって国際社会の性格は圧倒的に君主的であり、つねに貴族主義的だった。いずれにせよ、諸君主が相互に独立を承認する際に、隣国の国内政治上の問題に関心をもつのは非正統的なこととされたのである。征服によって国境は書き換えられるかもしれないし、実際そうなったとしても、それは不動産取引のようなもので、新たな所有者は自分が所有する家屋内でイデオロギーという家具を思いのままに取り換えることができたのである。このように主権者間の協力は相互に内政に干渉しないことが前提になっており、この社会の底流にある基本的な価値は「共存」であった。国際社会が多元的《プルラリスト》とされるのは、このような意味においてである。つまりこのような国際社会では、主権を除けば価値の実質的な内容について合意する必要がなく、また共通のプロジェクトを追求することもなかったのである。

このような正統版の国際社会の物語に対する改訂版は、ヨーロッパ啓蒙主義とナショナリズムの高揚によってつくられた。それは、一方では慣例による権利と支配に対する合理主義からの攻撃、他方では国家の境界は民族の境界と一致していないといけないという主張によるロマン主義的な反発から発展したのである。わたしは、これらの力が国際システムにつぎつぎに衝撃を加えたものの、諸国家からなる社会の本質的構造は変化せずに生きのびたことを、すでに別の書物で論じた。(6) ナポレオンが敗れたあとに古い体制が再建されたのもその理由の一端であり、また人口動態上の変化、産業化、大衆教育、階級対立などグローバルな過程とわれわれが理解しているものが、しばしのあいだ国内でうまく処理されるか、南北アメリカへの移民によって処理されてしまったことも理由のひとつであった。だが、いちばん重要な理由は、そのシステムが領域国家に基礎をおいていたことにあった。

一九一九年になってはじめて、民族自決の原則が、新たな国際秩序の理論的な基礎として受け入れられた。だが、主権を人民に帰属させたことによって、領土はむしろ神聖なものになってしまった。戦闘の結果によって領土の支配者を変えたり、持参金として領土を手に入れたり、あるいは新世界でやったように現金で領土を売り買いするといったことはできなくなった。ケニアの最初の外相であるトム・ムボヤは、ソマリア人は自決の権利をいつでも行使できる、そうしたければ、歩いて国境を越えればよいだけだ、と言うのである。一九九九年六月に北大西洋条約機構（NATO）軍によって、スロボダン・ミロシェヴィッチが自分の軍隊をコソヴォから撤退するのを強いられるまでコソヴォにとった態度は、より冷酷なものだったが、本質的にはそれと同じだった。人民主権の国家からなる国際社会では、君主国からなる国際社会でよりも、自分たちの大権を失うまいという気持ちが強いのである。

## 啓蒙主義とナショナリズムがもたらしたもの

というわけで、国際社会は生きのびた。しかし啓蒙主義とナショナリズムは、国際社会における民主主義の意味に関する長期的な帰結を二つ生んだ。一つ目は、進歩の観念を持ち込んだことである。諸国が相互の関係を円滑にして利益の対立を乗り越えるために合意した法的・外交的な取り決めも、もはや時の流れと無関係ではなく、最終目的地に向かうための途中駅だと見なされるようになったのである。政治生活における目標は、国内的にも対外的にも、人間の解放になった。アメリカ独立宣言やフランス人権宣言に刻まれた普遍的人権の観念は、アメリカ人やフランス人だけではなく、人類全体の可能性として提起されていた。

政治はソリダリスト的な目的をもつべきで、それは国際社会の発展にも反映されるべきだという考え方には、理論的にも戦場における現実によっても、激しく異義が表明された。だがこの進歩的な考え方の魅力は、善の主権が悪を征伐《せいばつ》する物語を回顧しつつ、決して消え去ることはなかった。希望というものは永遠にわき出てくるようである。そのうえ、一八世紀以降、希望の対象となったのはあの世での救済ではなく、われわれが生活しているこの世の改善になった。現代史の最大の皮肉のひとつではあるが、世界大戦（それに冷戦もだが）が終わるごとに、残念ながらいつも短命には終わるが、決まって国際社会を進歩的な方式で再構築しようとする試みが精力的になされたのである。おのおのの場合ごとにその焦点は異なった。一九一九年のあとは、民主的、民族的な原則に従って地図を書き直すことだったし、一九四五年のあとには、国家を一国あるいは国際的な手段によって、経済的福祉と発展をもたらすエンジンに変えることだった。一九八九年のあとには、主権を解釈し直して、自分の人民を食い物にする独裁者が主権を盾として利用しないようにした。これらの二〇世紀の企てでは、いずれも民主的な言説が推進力となっていたのである。

啓蒙主義とナショナリズムの高揚の別の帰結は、民主主義そのものではなく、民主的価値が国際社会における正統性の基準として確立したことである。大多数の国が、過去と比べてさして民主的になったというわけではない。しかし一九一九年以降は、民主的価値はますます金本位制のイデオロギー的等価物として受け入れられてきたのである。つまり、世界のほとんどの地域で民主主義はそれぞれの事情で実現できなくても、民主主義はどこに行っても金同様価値の基準なのである。

ここでわたしの言う民主的価値とは、単に代表政府のことだけではなく、結社、言論、信条の基本的人権としての自由であり、またこれらの良きものが、政府の支持者であれ反対者であれ、すべての人民に保証される法の支配のことである。このような魅力的な価値のパッケージは、たしかに広く行き渡っているわけではないが、その地位は過去二〇〇年のあいだに明らかに目立って向上してきた。

## 民主主義が広まった理由

このような展開があったのには、いくつかの理由がある。ひとつは強国がデモンストレーション効果をもたらすのに成功したことである。一九世紀にパックス・ブリタニカを裏付けていたのは、イギリス海軍と貿易を円滑にしていたポンドだけではない。イギリスのもっていた立憲思想と司法制度が、巨大な威信を誇っていたこともあったのである。もちろん権力の行使は恨みを買うが、恨みは、強大な国家に向けられがちであり、その国家を支えている価値にはあまり向けられない。一九四五年以降のアメリカにも同様のことがいえる。国連を例にとれば、制度の基本的設計は、アメリカの連邦民主主義に非常に強く影響されている。国連総会は米下院に相当し、安全保障理事会は大統領と上院がいっしょになったようなものである。おのおのの機関は、自由に意見を交換し評決を行う。だが、それぞれは異なった責任を帯びており、また異なった利害を代表していて、ある場合は主権国家の平等を、別の場合には政治権力の上下関係を表しているのである。大統領に相当するものは集団的に構成され、理論的にはどの常任理事国一国でも拒否権を行使すれば、国際的共同行動を立ち往生させるのに十分なのである。

民主主義が人気を博したもうひとつの理由は、それが脱植民地化に果たした役割にある。イギリスもフランスも、世界を単一の外交的・政治的システムに完全に囲い込むのを成し遂げるのにもっとも責任のあった国だが、両国は帝国主義国ではあっても王朝的国家ではなく、民族国家であるとともに民主国家でもあったのである。両国とも自分の統治を、さまざまな進化論的な教義や文明化の教義で正当化したが、時を経るにつれて反植民地主義的ナショナリストが西洋的な民主的価値を内面化すると、帝国主義は貧弱な論理に見えはじめ、まさに西洋的な民主的価値を武器として宗主国政府に立ち向かい、破壊的な効果をあげたのである。

フランスやイギリスは結局、そもそも自分たちの実践をモデルにして設けられた旧植民地の大統領や首相や議会に権限を委譲した。だが権力委譲のあと、民主主義は多くの場合長くは続かなかった。それは本質的に権威主義的な植民地体制に継ぎ足されたものであり、しばしば権威主義が急速に力を盛り返した。とはいえ、民主政治は帝国主義国政府の正統性を掘りくずすのには相応の役割を果たした。その理由の小さからぬ部分は、民主主義によって反植民地主義的自由主義者の「第五列」〔ソ連の指令に同調する潜在的革命家〕が、フランスやイギリスなど宗主国の政治支配層のなかで登場し、反植民地運動に同調したからである。非民主的なポルトガルが脱植民地化を果たした最後のヨーロッパ帝国主義国だったのは偶然ではない。

民主主義が人気を得た最後の理由は、民主主義が近代化にとって必要な要素であると見なされたことにある。広く認められているように、つい最近までは、近代化を成し遂げるには民主的価値を後回しにする方が、うまくいくと信じている人が多数いた。反植民地主義ナショナリストのなかに真剣なマルクス主義者はほとんどいなかったが、民主集中制と指令経済にはいろいろな美徳があるとみる者は多数いた。その教義は反資本主義的で、地元に根付いた資本家を欠いている社会の上に政府が君臨している国では重要だった。またその教義は反欧米的でもあった。そのため、欧米が権力を持ち続けるという問題を抱え、それを不愉快に感じていた政権にとっては、その教義は便利なものであった。しかもそれは、あらゆる政府が望んでやまない経済的繁栄という約束の地にいたる、欧米的な手法に代わる道筋を示していた。ハンセン教授が指摘するように、ジャワハルラル・ネルーのような非常にリベラルな指導者ですら、自分の政治活動を通じて、欧米の政体にソ連流の経済を組み合わせる夢を、一貫して実現しようとしていたのである。(7)

## 民主主義が根付く文化とは

逆説的だが、二超大国の民主主義理論が競合関係にあったので、国際社会は一七世紀にヨーロッパ国際システムが確立したときに類似した状況で、最小限の合意によるプルラリスト的な連盟《アソシエーション》として機能することになった。両方の理論ともにそれぞれ、国境を越えて人類が連帯するには、理想的には何が求められているかを提示してはいた。だが、いずれもそれを実現するための必要条件が、国際関係に何を意味するのかについて、しっかりと考えたものではなかった。共産主義が突然に崩壊した結果、自由民主主義がほとんど一夜にして国際化した。民主主義にとってこれほど都合のいい状況は考えられなかった。

われわれは冷戦後に民主主義と民主化が国際社会におよぼした影響を、どのように評価すべきなのだろうか。もし多元的民主主義が世界中に適用される可能性を秘めている政治制度と見なされるべきなら、この問題に取り組む前にわれわれはある別の問題(それは国際社会の原点においては大した関心事ではまったくなかったし、国際社会が変容したあとでも周辺的な問題だった)にどうしても立ち向かう必要がある。それは、民主的価値を国内および国際の政治に根付かせるために、満たされなければならない文化的前提条件があるのだろうかという問いである。

この問題は伝統的な国際社会では問われなかった。なぜなら、それぞれの君主の領域での出来事は、本質的にそれぞれの君主の問題とされていたからである。実際、外交という制度が発展してきた理由のひとつは、それによって外国文化を十分に理解できる専門家の中核となる集団が形成され、紛争の危険を最小限にとどめることができるようにするとともに、相互理解を深めなくても実務的な取引ができるような儀礼的方法を発展させたからだと考えるのにも一理ある。ライバル間の地政学的なにらみ合い状態によって、心と信条をめぐる戦いがおおむね宣伝活動にとどまったので、文化と民主主義の問題が起こっても、それは二〇世紀半ばの国際社会では周辺的な問題にすぎなかった。それにいずれにせよ、冷戦を戦った両国間の論争は、原理主義的とまではいわないが、まったく西洋的なもので、両国はそれに何の後ろめたさも感じていなかった。

この問題は今日本当に持ち上がっているのだろうか。もしグローバル化の技術的・経済的圧力によって、みな抽象的な権利は持っていても重要な文化的な相違は何もないコンピューター化された無国籍人間だらけの均質なマックワールドが出現していると考えるのなら、そんなはずはないということになる。これがわれわれが実際に住んでいる世界ではないことを理解するのに、何もささいな相違に対するフロイト的なナルシシズムを持ち出す必要はないだろう。

### 生活様式の違いこそ重要

したがって、民主主義と文化の問題は重要だが、それに答えるのは容易ではない。わたし自身は、民主的政府の普遍化の障害として、特定の文化の特異性――たとえばどんな着物を着るのか、どんな食べ物を食べるのかということはおろか、どんな神（あるいは神々）をいまでも崇拝《すうはい》しているのかということ――はあまり重要ではないという考えに傾いている。本質的な問題は、依然として人類の諸社会では生活様式が多様であるということである。

この点はつぎの例を見るといちばんよくわかるだろう。一八〇三年から一八〇六年のあいだ、アメリカのジェファーソン大統領はメリウェザー・ルイス大尉をルイジアナ北部の探検に派遣した。太平洋に航行するための水路を探すのが目的だったが、このようなルートは存在せず、もちろんこれを見つけることはできなかった。だがルイスはこの旅行中に、ミズーリ川やコロンビア川沿いのロッキー山脈に住む人びとに関する、最初の民族学的観察を残した。

当時のアメリカの政策は、さまざまなインディアンの民族をアメリカの交易網に取り込み、イギリスの北米での毛皮取引の独占を打破するため、それらのインディアン諸民族のあいだに平和をもたらすことであった。この政策は、イギリスが一九世紀のアフリカで奴隷貿易を合法的な貿易に切り換えたときと同様、民主主義そのものにはほとんど関係がなかったが、ジェファーソンはどうやら、インディアンはアフリカから来た奴隷とは違っていずれ文明化され、アメリカの制度に完全に組み込まれることを望んでいたようだ。

ルイスはミズーリの諸部族間の平和維持という自分の任務に、今日のノースダコタ州のマンダン村で最初の冬を過ごしているときにとりかかった。彼は全般的平和から得られる利益を説明したが、彼の議論はどうしようもない文化的障害にぶつかった。そうなったのは、彼らが民主主義を合理的に理解できなかったからではなく、民主主義の論理そのものに原因があった。老人たちはルイスに同意したが、その理由は「すでに月桂樹の収穫をすませていて、こういう状態で戦争状態に入るのは何かと不都合だ」と感じていたからにすぎなかった。しかし若い戦士がある質問を提起したが、ルイス自身これにはお手上げだった。「(彼は)わたしに、もし自分たちインディアンがあらゆるほかの部族と平和状態になれば、自分たちの民族は酋長《しゅうちょう》のためにいったい何をすればよいのか」。そして現在の酋長は「すっかり歳をとってしまい、近いうちに死ぬにちがいない。部族は酋長がいなくては生き残れない」[8]。ヒダーツァ族には、その隣接部族同様、世襲の統治階級がいない。男はみな武装しており、リーダーシップはメンバーの協賛と前例によって行使されるのであり、権利によるわけではなかった。平等主義的な遊牧民の社会では、この種の直接民主主義は、標準的というだけではなく、生存のための前提条件なのである。

これは極端なケースだとか、その後の「民族浄化」政策によってアメリカは代表民主制にとって安全な場所になったとか、あるいは今日では一八〇〇年代初頭のミズーリ川沿岸地域ほど現代的観念の知られていない場所はほとんどない、といった反対にも一理あるかもしれない。たしかに先住民族の生存は、あとで見るように国際的な人権保護の議論で重要な問題として浮上しているが、それがここでのポイントではない。そうではなくて、遊牧生活、牧畜生活、定住農業生活、それに産業生活など異なった生活様式が、可能な行動の幅をいかに規定するのかということなのである。たとえばわれわれは、少なくともひとつの現代のケース、つまりソマリアのケースで、ウェーバー的な国家機構を集権的政府の伝統が存在しない遊牧・牧畜社会に継ぎ足そうとする試みが、途方もない大失敗に終わったことを知っている。ソマリア南部はいまや事実上国家のない状態であり、たしかに多くの人びとがその結果大いに苦しんでいるが、すべてのソマリアの氏族の現実の恐怖に対処し、その願望を満たしつつ、それら氏族の合意できる選挙制度を考案することは、いままでのところソマリア人にも非ソマリア人にもできていない。

それでも依然として、これは極端な事例で、経済的にも政治的にももっとも周辺的な大陸における不正常で例外的な国のことだという反論もあるかもしれない。しかし、もし民主的価値の尊重が単なる標準的イデオロギーではなく、国際社会への入場券だとするのなら、国際社会とは、世界の主要文明から略奪してきた美術品でいっぱいの国立博物館があり、メダルを胸に国際的認知を得ている国だけではなく、貧しい下層階級を形成する国家をも包摂するものでなくてはなるまい。どれほど巧みな言辞《げんじ》を弄《ろう》しても、それこそが民主主義の意味するものなのである。ともあれ、ソマリアが例外的なケースで、遊牧民を民族国家の市民にすることがとりわけむずかしいのだとしても、生活様式が異なった条件のもとでは、実現可能な政府の形態には制限があるとひとたび認めてしまえば、代表制民主主義の前提条件を欠いている国がほかにも多数あるという結論を避けるのは、むずかしい。

## 民主化は個々の事情で判断

アーネスト・ゲルナーは例によって見事にこの問題を要約している。「民主主義は人間性に先天的に備わっているものではないが、いまわれわれを取り巻く条件と何らかの親和性がある」[9]。彼が言っているのは、産業社会に住む者は「成長にコミットしており、それゆえ職業的な不安定に翻弄されている」ので、秩序を強制するための厳格な社会的階層性に頼ることができないということである。彼はミズーリのインディアンや現在のソマリア人をこの対極として語ることもできただろう。だが問題になるのは、完全に産業化した社会とか、少数の依然として牧畜生活や狩猟採取生活を営んでいる社会ではない。問題は、そのいずれでもない中間にあるすべての社会なのである。

こう言ったからといって、国際関係で民主的価値へのコミットメントが何の意味もないということにはならない。ここで言おうとしていることは単に、国際社会の民主化が現実的なものであるためには、必然的に、一方では非常に巧みに制度設計をしないといけないが、他方では非常に偽善的にならないといけないということにすぎない。ゲルナーを再度引くなら、「具体的な社会的条件を見ずに抽象的な世界で活動する民主主義の理論家は、民主主義が一般的な理想であると立証するが、結局多くの社会でこの理想が実現できないことを認めざるをえなくなる」[10]。

偽善とは悪徳が美徳に払う敬意のようなものである。そうする価値があるかどうかは、国際的に民主主義を確立しようとする試みが、人命を救い、恣意的な抑圧を減らし、そして少なくとも一定の人びとにそうでなければ得られないような機会を与えるのか、それとも逆により大きな抑圧と社会的軋轢《あつれき》を生むのかどうかにかかっている。これは原則の問題というよりも判断の問題である。答えは場合によって異なり、かつしかも必然的に不確定的である。この課題に国際社会がどれほどうまく対処してきたのかという問題を、つぎに考えてみよう。

# 8 国際法と外交政策の手段

### 国際法の非民主的側面

国際法は、国際社会という観念の成立の可否がかかっている決定的に重要な制度だが、主権国家をみな平等に取り扱うことを原則としているため、もし民主的な価値が国際レベルで真剣に追求されるのなら必要になるはずの、国家を政体によって差別的に取り扱う柔軟性を欠いているようにみえる。はじめはこれは大した問題ではなかった。というのは、国際法の適用範囲は意識的に、相互に承認しあった主権者個々人のあいだに限定されていたからである。事実ジェームス・クロフォードによれば、古典的な国際法は「非常に非民主的であるか、少なくとも非民主的な方法で機能することができ」、それには以下の六つのかたちがあるという。簡単に見てみると、第一に広範囲にわたって権力をもつ行政府が、人民の頭越しに、しかもしばしば人民のあずかり知らないあいだに、国際法に合意しそれを適用すること、第二に国家が拘束される国際的義務に対する民主的統制が欠如していること、第三に不法行為に対する国際的救済を受ける可能性が、行政府によって「事実上独占」されていること、第四に不介入の原則が「もっとも非民主的な政府の権力を民衆の意に反して維持するためにとられる行動に関しても、その政府を保護していること」、第五に自決原則は領土の変更を許していないこと、第六に政府はその後継政府を遠い未来まで拘束できること、である。(1)

もし国際的な民主主義が、諸国家からなる社会を人類の共同体へと発展させるかどうかによって究極的には評価されるのなら、国際法の非民主的な遺産の最初の三点を克服することは、まちがいなく決定的に重要であろう。統治者が、個人としてまた集団としても、自分の人民だけではなく世界中の人民に対して責任を負わないのなら、そして人民が自分たちの基本的権利が侵害されたときに支配者を訴追できないのなら、国際法は民主化のプロセスを促進するというよりもそれを制約していると論ずることもできるかもしれない。だが文化、統治の基本構造、社会的条件などの多様性を考えると、それらにすべてに一つの法体制の型を当てはめるのは途方もなくむずかしいだけではなく、議論はユートピア的な空理空論になってしまうだろう。

それゆえ、冷戦後に一貫してもっとも強く変化を求められているのが、国際法の第四と第五の非民主的側面であることは驚くに足らないだろう。要約すれば、それは「不介入の原則が非民主的な体制も保護している」とともに、「すでに確立した国境を自決の原則によって修正することができない」という二点が、冷戦後の問題の焦点なのである。これは国家権力と人民主権の教義の緊張を表面化させるので、いちばん明白な問題点なのである。

## 人道的介入をめぐる議論

素人にとっては、諸国の政府がある行動をとると、それが生成されつつある国際慣習法の原則のためなのか、個別的な理由のせいなのかを区別するのは、しばしば困難である。もっと具体的にいえば、人道的介入をはっきりとした権利として確立するには、いったい内戦へ何度介入すればよいのだろうか。一九九〇年代の国家の実際の行動によって、そのような権利がすでに確立されていると議論されているとしても、もし国家の行動が再度変化すれば法には何か影響が出るのだろうか。それでも、人権に対する大規模な侵害に関係する場合には、主権免除に対して、少なくとも欧米諸国における公衆の態度がかなり変化したことはまずまちがいない。二〇年前には、元国家元首を、在任中の人権侵害を理由に第三国で起訴することは、事実上考えられなかったであろう。またNATOが主権国家に対して空爆を実行することも、同様に考えられなかっただろう。だが、チリの独裁者だったピノチェトが病気療養のためにイギリスに滞在した際に、イギリスの最高裁判所にあたる上院は六対一で彼を訴追することは合法であると決定した。同様に、多数の国際法学者がコソヴォ問題をめぐるNATOのユーゴスラヴィア空爆を支持した。

主権を神聖視することから人権を神聖視するようになった変化が、一見したところでは起こっているようだが、これが今後国際法の論争において余地のない原則として確立されるかどうかはわからない。このように懐疑的になるのは簡単で、その理由の一端は、イギリスの法官貴族〔最高裁判事に相当〕のゴフ卿が述べているように、国家免責（state immunity）は強力な国家の元首にとってはとりわけ重要なもので、その在任中の行動に対してまったく政治的な理由から強く不満をもっている国の政府がその元国家元首を攻撃目標にするかもしれないからである。(2) また、もし人道的介入の権利がすでに議論の余地のないところまで確立しているのなら、諸国の政府は分離独立主義的な自決運動に対する反対を弱めているはずだという結論を避けるのもむずかしいように思われる。これまでのところ、ユーゴスラヴィアでも、そのまえのイラクやボスニアのように、諸国の政府はそのような結論を出すことを、意固地なまでに意識的に避けているように思われる。

このことの結果がどうなるかはともかく、この新たな教義には強力な支持者がいるのは明らかである。ウィリアム・リース＝モッグが描くように、この教義には二つの大きな特徴がある。「それは戦争を正当化する理由を自衛から他国内の人権の防衛に拡大する。それは判断を個別の国家や同盟に委ね、国連もしくはその他のいかなる国際機関にも付託しない。それによって、国際法からコンセンサスと確実性をともに奪うことになる」(3)。国際社会の観点からみれば、こうしたことにともなうコストは、よしんば民主的価値の名のもとに支払われたとしても、政治的には高くつくものである。またそのうえ、インドのような民主的に選挙によって選ばれた政府のなかにも、ＮＡＴＯのコソヴォ作戦に対する激しい批判があるのである。

　このような議論の流れには、反論もある。もっともそれは国際社会において、政治が法に優越することを繰り返し主張することに依存している。諸国家からなる社会がどのように機能するかに関する古典的な説明では、大国が勢力均衡を通じて、国際秩序の維持のために特殊な責任を自分たちに課しているということが、しばしば語られてきた。したがって、それらの大国は国際社会という基本構造を守るために、国際法を破ることが必要になるかもしれない。というのは、国際法にしたところで、国際社会のほかのすべての制度同様、究極的にはこの基本構造に依存しているからである。冷戦期の中核的均衡が破れたいまとなっては、残存する唯一の超大国たるアメリカが自分を支援する用意のある同盟国と協力し、あらゆる手段を使って国際政治の新たな民主的基準を支えるしかほかに道はない、と論じることもそれなりに筋が通っているのかもしれない。コソヴォ問題で国連安全保障理事会の承認を求めようとすれば、ロシアと中国の二国から拒否権を行使されたであろう。したがって、この考えに立てば、必要なことをなすためには一方的に行動し、それを正当化するには生成途上の人道的介入のドクトリンに依拠する必要があったのである。

　国際社会の観念は国際連合ができるまえにさかのぼれるのであって、両者を同義語と見なすべきではないという点では、この議論に共感を感ずることはできる。もし国際社会が、無責任にそれを利用する者のために諸国の都合にとらわれ、生身の人間の必要に応えることができないなら、民主的勢力は自分たちの利益と同時に一般的利益にもとづいて行動せねばならない。同時に、国際政治が民主的価値を追求するという方向性に関して、懸念すべき理由が二つある。ひとつは、国際関係における力の役割についてであり、もうひとつは道義的責任の問題である。それぞれ検討してみよう。

## 民主主義のための戦争？

国家理性を追求して自衛以外の目的でも戦争をはじめる主権的権利は一九四五年まで、明確に違法とされたことはなかった。新たな安全保障秩序を打ち立てようとする試みは、冷戦と、国連安保理で拒否権が始終発動されるという状況によって挫折したが、それでもそれは、力が国際の平和と安全を損なうのではなく、それを支えるために使われるようにしようとする最初の真剣な努力だった。そのような理由により、一九八五年以降の国連安全保障理事会の再活性化、および安保理で得られた「砂漠の嵐作戦」への国際的支持が、国際関係は真に進歩するだろうという楽観論を生んだのだった。

本書の第Ⅳ部で、わたしは国連の安全保障上の役割を強化することに対する支持が、その後弱まった理由を検討する。ここでは、そうなったのは、NATOやECOWAS（西アフリカ諸国経済共同体）のような地域機構が、政治的解決を模索するどころか、信頼できる休戦にも当事者がコミットしていないような内戦に効果的に介入する方法を、国連よりも理解していることを示したからではないことをいえば十分である。このように考えると、一九九九年にNATOが安保理の承認を得ることなくユーゴスラヴィアに対して行動をとったことで、安保理の権威が損なわれたことはまず確実だし、少なくともほかの国家が、伝統的な安全保障上の脅威に直面したり、自身で人道的災禍状況をつくりだしてしまったりした際に、安保理をあてにする可能性はかつてより低くなった。安保理の権威が、東ティモールでその数か月後にとられた行動によってどれほど回復したかは、まだはっきりとしない。

戦争を対外政策の手段からとり除くことは、もともとは第一次世界大戦やファシストの膨張主義を生んだ責任があるとされた権力政治に対する、自由民主主義的な反発を反映するものだった。たしかに、アメリカの第二次世界大戦参戦以降のすべての戦争の目的は、世界を民主的なかたちで再建する条件をつくりあげることだったという感覚がある。一九八九年以降は、多くの第三世界のポスト共産主義国家が崩壊すると、それによってそれら諸国自身の民主化プロセスだけではなく、突然難民の洪水に見舞われることになる周辺の民主主義諸国の安定も脅かされると見なされるようになった。熟慮の結果というより多分に偶然の産物だが、国際の平和と安全の概念を拡張したのは、この人道的懸念とその政治的帰結の恐怖の組み合わせだったのである。

もちろん問題は、ある種の条件下では、民主化という治療の方が権威主義という病よりも悪いことがあるということである。国連事務総長は一九九六年の総会への報告のなかでつぎのように述べている。「民主化と民主主義はともに、優先順位とタイミングというむずかしい問題を引き起こす。したがって、民主化の加速と民主主義の理想の復興に、いくらかの抵抗があっても驚くべきことではない」。この国連流の口当たりのよい婉曲な散文的表現の背後に、二国間であれ国際機関を通じてであれ、外交的に民主主義を追求しようとすることに対して慎重を期すようにという至極もっともな願いが込められているのに気づくだろう。

## 国際機関による民主化推進

国際機関に関する限り、国連による平和維持および平和構築の拡大は、人権、法の支配、そして民主化を前進させようとする外交的努力と、並行に進んだ。この問題についてあとから出されたアナン国連事務総長の報告書を引用してみよう。「多数の国における近年の展開は、法の支配を含む人権保護のための効果的なシステムは、暴力と紛争の悪循環を食い止め、したがって民主的発展を確実なものとするための必要不可欠の条件であることを示している」[4]。このいささか循環論的な論理が正しいかどうかはともかく、非民主国のなかでも中国のような非常に強い国や、ミャンマーのような極度に孤立している国、あるいは事実上崩壊してしまったソマリアのような国は違うが、こういった国以外はみながこれに納得しており、より開放的な社会をつくろうとする動きを推進することに十分強力な合意ができているのはまちがいない。

さまざまな政府が民主主義国としての評価を確立しようとする背後には、もちろんいろいろな動機が潜んでいる。モザンビークのように、またもしかするとカンボジアもそうかもしれないが、根深い構造的紛争を解決するのをめざすのが動機の国もあるが、ケニアのように外国の債権者をとにかく納得させようとするのが動機の国もある。さらにフィジーや、ことによるとナイジェリア、さらに白人支配体制末期の人種差別主義国の南アフリカなどのように、おそらく政治支配階級が外交的孤立をなんとか克服するのが動機だった国もある。しかしどれほど動機が非英雄的なものであっても、国連はこれらの諸国の努力を支持した。国連は一九八九年以降選挙支援だけでも一四〇以上の要請を受け、民主化のあらゆる側面に関する技術支援の提供に深くかかわり、それらの国に正統性の印璽《いんじ》を与えたのである。自分が加盟している国際機関に公認されている改革を実行するのは、経済的、政治的譲歩と引き換えに強国から無理矢理それを強いられるよりは楽である。もし欧米の主要国が安全保障分野で国連に背を向ければ（そしておそらく、欧米諸国はコソヴォ人の苦境に、ルワンダ、ミャンマー、あるいはシエラレオネなどでの状況を無視したのに比べれば、すでにふつりあいに大きな懸念を示してきた）、あらゆる地域の政治状況を徐々に自由化するという欧米の一般的利益が危険にさらされてしまう。

しかも、国連の支持を得ることなく、二国間の外交的手段（援助に条件をつけたり制裁を課すというのが普通のやり方だが）によって民主主義を輸出しようとすると、受け入れ国側を怒らせる可能性が高いだけではなく、うまくいかないだろう。というのは、何が現実的に期待できることなのかを判断するための情報がない場合もあるし、また当該国家の政府が真剣に民主化プログラムを履行しようとしても、それを実行する能力を欠いている場合もあるからである。

## 経済制裁は効果的か

冷戦が終わるころまでには、多くの国家が肥大化した官僚制やそれを操っている強権的略奪政治によって、麻痺状態におちいっていたことはまちがいない。しかし構造調整プログラムという経済的条件に加えて政治的条件が付け加わるまえであっても、国家が深く現地社会に根付いていない地域では、構造調整プログラムの経済的条件で国家を弱体化させると、事実上国家の存在そのものが危うくなりかねなかった。グローバル化の作用は、WTOが管理している全世界の貿易体制の効果も含めて、不可避的に勝ち組と負け組をつくりだすだろう。このような状況下では、国連やコモンウェルスのような機構が、弱体な国家のもつ特殊な困難を討議する場を提供することが、大いに必要である。もし北と南のあいだの対話のチャンネルが相互の尊重を基礎に開かれていなければ、民主的で豊かな国は要塞を築いて、それを取り囲む暴力と犯罪が横行する後背地の不幸な住民を閉め出すしか、ほかに手段がないだろう。いや、もう実際にそうなっているのである。

このような非行国家の行動を変えさせるのに経済制裁を利用するのは、いわば兵糧《ひょうろう》攻めを民主的に行うようなものだが、これは学者よりも政府関係者のあいだで人気がある。経済制裁の現実的な問題はよく知られている。まずこれは、公言されている目的を達成することはあまりないし、実施されているかどうかをきちんと監視するのはむずかしい。制裁の結束を乱して他国の犠牲で利益を得ようとする国もあるのが現実で、したがってすべての国の協力を確保するのは、事実上不可能である。冷戦時代には、政府が危機に際して何らかの行動をとるよう迫られたが、軍事力の行使がとても受け入れられないエスカレーションを招くような場合には、経済制裁は少なくとも機会費用上の根拠から正当化できたかもしれない。しかし、民主的世界をもたらすための戦いの手段としては、経済制裁は明らかに効果的ではない。

経済制裁がいちばん効果的なのは、逸脱行動に走った民主主義国に対してである。というのは、この場合には人民と政治家が選挙を通じて結び付いているという前提があるからである。しかし制裁のコストを、すでに長期にわたって苦しんでいる住民に押しつけながら権力にしがみつくことに何の良心の呵責《かしゃく》も感じない専制的な体制に対しては、制裁の効果は逆説的なものになる可能性が高い。イラクとユーゴスラヴィアでの経験から判断すると、たしかに経済制裁によって国際社会に背を向けることとのコストは高くなるが、経済制裁の対象となった国の指導者は、これによって民族の経済的苦境の責任を攻撃的な外国に負わせることができるので、絶好のプロパガンダの材料を手にすることになる。また、コモンウェルスの経験が物語るところでは、加盟国が明示的に民主的な価値を守ることにコミットしており、継続的な違反国を監視し、異端者を服従させる機構を設置しているような場合でさえ、経済制裁以上のことが必要になる。ナイジェリアを例にすれば、この場合はコモンウェルス諸国の外相たちには神の摂理の介入が必要だった。つまりナイジェリアは、大統領であったアバチャ将軍が一九九八年に死んだことで、文民統治に復帰する可能性が出てきたのである。また、その後の選挙でいたるところで行われた不正行為を大目にみる分別も必要だった。コモンウェルスとは違って、共通の政治的プログラムによって存在意義を明らかにする必要のない国連によっては、仕事はもっとむずかしくなる。経済制裁を課すことに関する倫理的および実際的な問題は、いまや認知されつつあると考えてよかろう。だが国連によって諸国に課された制約がなければ、短期的な政治的理由により、経済制裁に訴えようとする機運が盛り上がるだろう。

## 責任をあいまいにする民主主義

このような危険は、民主化が権力を分散させる傾向を強める場合に、当然大きくなる。世界の多くの場所で、もし政府の人民に対する説明責任を強化しようとするのなら、それは道理にかなった必要な取り組みである。しかし民主主義というのは気まぐれである点で悪名高い。民主主義は世論、言い換えればだれが統治すべきなのかということについて人民が意見を変えることに依存しているために、良い結果も悪い結果もともに生む可能性がある。

これは民主主義につきものの問題である。政府の権力が分散して人びとに開かれたものになることでこういった問題が消滅すると考えるのは、それがどれほどほかの理由で望ましいとしても、あまりに無邪気であろう。イプセンの『人民の敵』で、ストックマン博士が自由主義者たちを自由の敵と批判し、多数者の側には決して正義が存在しないと断じたとき、イプセンがイメージしていたのは地方レベルの民主主義だった。[5] これまでずっと他国よりも積極的に経済制裁を一方的に発動してきたアメリカでは、州政府や場合によっては市当局ですら、連邦政府のとった措置が生ぬるく効果がないと考えたときには、独自のよりきびしい輸出禁止やボイコットをすでに始めるようになっている。[6] これは心配な傾向である。

経済制裁が不十分であるという理論的な議論が、国際社会における民主主義の位置づけを考える議論の文脈で出てくるのは奇妙に思えるかもしれない。しかし、わたしの考えでは、これこそがリベラルな国際理論一般にある弱点を明らかにしているように思われる。利益の衝突がどうしようもないほど高まれば、その解決として元来想定されていたのは、力ずくの決闘で白黒をつけることであった。リベラルな心性からすればこれはまさに呪うべきことで、その理由の一端は、個人的には対立関係にない人と人を敵味方にしてしまい、また同時に、正義が暴力行為という悪事から発生しうることを認めてしまうことにある。しかし、この決着方法には少なくとも、敵対しあう者同士が自分の運命を自分の手中に保持し、自分の行動の結果に責任をもつという利点があった。決闘による決着が最終的な道義的調停であれば、有限責任の余地はなく中途半端なコミットメントはできない。ここでの対比は、いわばサドンデスでケリをつけることと、敗者であってもあまりひどくは傷つけられないと事前に合意することとの差である。

## リベラル・ユートピアニズムの危険

個人が自分を破滅の危険にさらさないで、一般の利益のために一定のリスクをとり責任を果たすよう説得するために、有限責任の考え方を発展させた文明が、古来の攻囲《こうい》戦法——つまりは飢餓によって相手を屈服させようとする意図的な暴力の行使——を経済制裁へと変化させたのは、おそらく偶然ではない。これは普通、平和的変更の一形態だとされている。しかしより正確には、これは一種の目にみえない暴力であり、そこでは責任は制裁の犠牲者に転嫁され、制裁をけしかけた人びとがこれをほとんど認識しないことが、しばしばである。わたしには、これと平行して、国際社会をプルラリスト的な連盟からソリダリスト的な民主的な人民の共同体へと変化させようという試みが、進行しているように思われる。

どちらの場合にも危険なことは、よくあるリベラルなユートピアニズムである。つまり、世界をよくするのに、努力よりもむしろルールや手続きや制度に、そしてそれらを支えているリベラルな教訓を正しく適用することに頼ろうとする試みである。リベラルは人間の諸問題に、機械的で本質的に技術的な解決法を望む。繁栄だけではなく、平和や安全をもたらす（つまりそれによって軍事費にカネを浪費しなくてすむ）経済秩序は、デイヴィッド・リカードによって明示され、リチャード・コブデンによって一種の信仰の対象となった。これに近いことが、現在ＷＴＯが監視している自由貿易秩序にもいえる。人民の基本的人権と自由を保障する政治秩序は、フランス革命とアメリカ独立革命によって展開し、それはウッドロー・ウィルソンによって国際社会の改革のための国際的なドクトリンへと格上げされ、その考え方は冷戦後に欧米の民主主義国や国連によって復活させられた。

それは概して崇高なビジョンだし、文明の衝突や、宇宙からの侵略が始まらないと人類は団結しないといった陰鬱《いんうつ》な展望より好まれるものだろう。だがそれは、矛盾だらけのビジョンである。最強国家が簡単に問題を解決しようとする誘惑にまどわされることによって、弱体化する危険がつねにあるビジョンでもある。民主主義の世界が、人間の問題に対する技術的な解決を信じ、それによってＮＡＴＯがユーゴスラヴィアに基本的人権を尊重させるために爆撃したが、その際ありとあらゆる専門家も多数の一般市民も、地上軍が必要なことが最初からわかっていながら、欧米の有権者の許容範囲を越えるのを恐れて、それを当初計画せずにことを進めた。これは民主的世界秩序に対するおそるべき告発ではないか。

# 9 プルラリズムとソリダリズムを再考する

## 民主主義の勝利？

これまでの二つの章で、国際社会を民主化することにともなう概念上の障害と現実的な障害について注目してきた。だが障害は克服できるかもしれないのだから、民主化を試みてはいけないということはないだろう。このことを念頭に置きながら、いまや主権を行使するには複数政党による民主主義国であることが条件となるのだろうか、という問いを再度検討してみよう。もし答えが「然り」なら、伝統的な国際社会のプルラリズム（その目的は国家間の協力の枠組みをつくるというささやかなものである）は、グローバルな市民社会へといいたる何かに道を譲りつつあるのかもしれない。

インドネシアのスハルトが金融危機の処理にともなうアメリカの圧力で一九九八年に権力の座を追われたものの、他方で中国が人権問題で何ら実質的な譲歩をすることなくアメリカやその他の国連安全保障理事会の常任理事国と渡り合っている姿を一瞥《いちべつ》すると、前述の問いに対して懐疑的な答えが出てきそうである。しかしながら、たとえ民主主義がヨーロッパからの外部世界に対する輸出品として主権に匹敵するほど成功した例ではないとしても、それがもつ魅力を過小評価してはなるまい。グローバルなコミュニケーションのスピードが著しく速くなっている時代には、観念は感染症と同じくらいの早さで伝播《でんぱ》する。たとえその過程で突然変異が起こったとしても。

西ヨーロッパと北アメリカが冷戦後の世界で政治課題を設定したのは、おそらく不可避なことだっただろう。決闘による決着という、基本問題に関する意見の相違にケリをつけてきた古来からの方法は、もはや認められているわけではないが、多少かたちは穏やかになったものの現代世界まで生きのびてきた。(1) 欧米の民主主義国が第二次世界大戦を勝利し、その勝利によってその後の世界を形づくる権利を獲得したのである。西欧諸国はまた、——最初は欧州評議会で、それから欧州共同体や欧州連合というかたちをとったが——相互の協力関係を民主的原則への共通の支持を基礎に据えることに成功した唯一の地域国家グループでもある。共産主義の崩壊とともに、政治市場には民主主義以外に大きなイデオロギーは残らなかった。しかしながら、「民主主義が最終的に勝利した」という勝ち誇った態度をとったのは、不幸なことだった。それは、民主的な世界秩序を確かなものとするためには、ソリダリスト的原則や複数政党制にもとづく選挙にコミットし、確固たる政治的意志にもとづいて行動すれば足りるのだ、という考えを暗に意味していた。だがヨーロッパが、自分のビジョンにもとづく民主的平和を確立するにあたって、非常に大きな代償を払ったこと（それに世界のほかの地域にも大きな代償を強いたこと）を、正視しない傾向があったのである。

## 干渉なき民主化は可能か

ウェストファリアの講和の遺産のなかでいちばん長持ちしてきた国際社会のプルラリスト的な観念を、欧米諸国が完全に放棄したのかどうかもまったく明らかでない。ヘンリー・アダムスはフランス大使としてアメリカから派遣され、完全に開放的な脱国家的市場を基礎とした、革命国家同士の連帯を申し出たが、フランス側の合意は得られなかった。フランス側は、伝統的な政府間の相互主義的な基礎にたって、ボストン港を出入りする貿易の独占について交渉することの方に興味があったのである。[2] 二〇〇年後、マーガレット・サッチャーとフランソワ・ミッテランは、結果的には失敗したものの、ソ連から西ヨーロッパに達するフレンドシップ・パイプラインの建設に英仏が参加するのを、アメリカが止めさせようとしてアメリカ法を域外適用しようとしたことに、怒りの反応を示した。[3] 言い換えれば、民主主義国の同盟国同士が国際的に協力する際にも、内政不干渉は依然として主権の核心にあり尊重されねばならないと見なされていたのである。もし内政不干渉の原則がなければ、両国の国益が一致しないときに強力な同盟国が事前に合意した同盟目的から逸脱した行動をとっても、それによる不利益から自国を守る術《すべ》がない。

　このような観察が示唆することは、ブトロス＝ガリ国連事務総長が『平和への課題』のなかで、「それぞれの地域社会内で、国家内で、そして諸国家からなるコミュニティ内で」民主主義が必要であると述べたとき、それぞれ関連はあっても異なった民主主義の現象について語っていたということなのである。「地域社会内での民主主義」とは、おそらく基本的人権を確立し、差別されることなく地域のことに参加できることを意味しているのであろう。「国家内での民主主義」とは、明らかに人民が自由に自分たちの政府を選び、それをとりかえる機会を定期的にもつ、憲法的な規定のことである。他方「諸国家からなるコミュニティ内の民主主義」は、もっとあいまいなフレーズである。伝統的にそれが意味するのは、国連安保理で拒否権をもつ常任理事国のように合意によってある国家に特別な権利と責任が与えられるような場合を除いて、諸国家の力関係の如何《いかん》を問わず、主権平等を尊重することである。しかし、『平和への課題』のなかの自決に関する議論の文脈では、民主主義は国際社会の定義すら構成する基本的価値のひとつとして、取り扱われている。

　もし一九四五年以降の自決の慣習的解釈、つまり自決とは脱植民地化であるという解釈が採用されれば、非民主的な地域や国を民主化するのに、国際レベルでできることがあったとしても、説得以外にはほとんど何もないということになる。国連加盟国が平等な権利をもつことによって、加盟国内の取り決めは外部の干渉から保護されている。他方、自決概念を再解釈して、すでに存在する国境内で民主的統治が行われることが国際社会の基本的価値であると理解するのなら、国際社会がどのようにしてそれを促進するのかが問われねばなるまい。

### 紛争の平和的解決

大変おおまかにいえば、紛争解決の文脈で、国連憲章の第六章の紛争の平和的解決と、第七章の平和執行で想定されている措置にそれぞれ対応する、二つの行動の方向性が考えられる。第一に、権威主義や軍事政権からより開放的な制度への移行を円滑化するために、国際機構は要請があれば技術的な支援を提供できるし、実際提供してきた。このような支援は、国連そのものだけではなく、地域機構やコモンウェルスによっても供与される。また民族的あるいは地域的な紛争の結果、このような移行が紛争の解決というよりも原因になるような場合には、国際社会は被害者を保護するために軍事的にも事態に関与する。

第二の措置は問題が多く、介入問題を扱う本書第Ⅳ部のテーマである。ここでは第一のタイプだけを論じよう。司法の専門家に司法の独立の何たるかを再教育すること、議員に議会手続きの模範的事例を紹介すること、選挙人名簿を作成すること、選挙を監視しその結果を認定して正統性を付与すること、こういったことはすべて、形式と実質をとりちがえていて、破廉恥《はれんち》で機会主義的な権力者が権力を維持し国際的な承認を得るために自分の体制の模様替えをするのに、手を貸しているだけだとして批判することもできる。しかしこのような支援が大きな害になるとは考えにくいし、良い効果をあげることも考えられる。恥や名誉は、新たな民主的基準の支えとして、簡単に軽視されるべきではない。ある指導者は他国の指導者が信奉している価値を嘲笑《ちょうしょう》する場合もあるかもしれないが、どちらかといえばそうしないことを選ぶだろう。民主的な文化は土着の風土を基礎にして発展しないといけないかもしれないが、なんらかの最低限の良き統治《グッド・ガバナンス》の基準を満たしているあいだに、そういう自生的な発展が起こる時間をかせげるかもしれない。そしてもしそれが、どちらかといえば罪のない人びとを、迫害や拷問やあるいはもっと悪いことから救うことができるのなら、まちがいなくやる値打ちがある。

国連の複雑な緊急事態に対処するための技術的能力は、一九九〇年代に経験を積んだ結果大きく改善した。アメリカ国連協会が委託した一九九七年のハイレベル・グループの報告書は、この点でさらなる勧告を行っている。(4) しかし、同グループ自身が認めるように、国連や地域機構あるいはその他機関の能力が向上しても、政治的意志あるいはより正確にはその欠如という基本的問題を解決するのには、ほとんど役立たない。国際社会は、崩壊した国家のために新たな信託統治システムを設立するのには、気乗り薄である。もし国家の権威が確立されていなければ、組織的な人権侵害から人民を保護することはもちろん、領域内で民主的な自決権を守ることができるのだろうか。コモンウェルスが民主国家の集まりへと自身の姿を変えようとし、軍事政権に選挙を実施してハラーレ宣言を守るようにと説得した努力は、おそらくそれなりの成功を収めてきた。しかしながら、シエラレオネやナイジェリアのように、一九九〇年代の終わりに民政に復帰したケースについては、国際的な圧力がどの程度の役割を果たしたのかを評価することはむずかしい。現地の活動家を元気づけるだけだったかもしれないが、なんらかの影響があったのは事実だろう。だが一九九八年以降は核保有国になったパキスタンでは、信頼は失墜していたがそれでも選挙で選ばれた政府が、一九九九九年九月の人民クーデターで軍部によって転覆されるのを、国際的圧力で防げなかった。コモンウェルスへの加盟資格停止――これはコモンウェルスによる調停の可能性を保つために意識的に使われた言い回しだが――が、なんらかの効果をもつか否かは、いまだよくわからない。国際的圧力は、軍事政権が憲法停止を思いとどまるうえで、幾ばくかの判断材料になっているかもしれない。もっとも、このようなパキスタンのやや妥協的姿勢は、ロンドンのコモンウェルス事務局よりも、ワシントンのアメリカ政府に向けられている可能性の方が高いが。

## ソリダリストが孕む問題

ソリダリスト的な人権や民主政治の尊重の原則にもとづいて国際社会が再建されれば、合意によって成立した世界帝国、もしくはカント的な言葉を使えば、自己監視的な「永遠平和」に近いものになるであろう。この種の世界では、帝国的統治の装置は必要ない。だがもし民主主義にもとづく世界秩序が軍事介入によって実現されず、またそのような秩序が無秩序状態という極端な状況にさえおちいっても、帝国的手段（どれほどその意図が善意によるものであっても）で支えることができないとなれば、逸脱行動をとる国家をソリダリスト的な分別のある路線に戻すには、いったいどのような制裁が適用可能であり、また適用されるべきなのか。すでに前章でみたように、国際的支持を受けた民主化計画の規範的な問題点である。

たとえ経済制裁が、一九九四年のハイチのように、ある国で民主主義を回復させるのに成功したように見えるときですら、それは道義的には疑念のある措置である。その場合、経済制裁は明らかに現地住民をより苦しめることになったが、選挙によって正統政府を回復するのを助けるために、国連安保理が軍事介入を認める決議をするための前段階として必要であると考えられた。[5] このような行動を、人間はそれ自身が目的であり、ほかのどれほど望ましい目的のためであっても人間を手段として扱ってはならないという、カント的な道義的要請と折り合いをつけるのはむずかしい。国際政策としての強圧的手段による民主化促進は、こういった矛盾におちいっているのである。

ソリダリストとプルラリストの国際秩序構想が競合しているが、依然としてプルラリストが優勢を維持していると思われる。もちろんソリダリストの議論が競争から脱落したという意味ではまったくない。それは、共存のルールと国家間関係の相互性の原則を越えた国際協力は、合意によってはじめて実現可能であり、したがってソリダリズムの要素はどうやら少しずつしか増大しないことを示しているにすぎない。このような状況下で、すべての民族の自決権を民主的な自治のことだと解釈し直そうとする努力は、一九四五年以降はじめて少数民族問題に焦点をあてるようになってきた。

その理由は単純である。自決をめぐる前述の議論をここで要約すればこうなるだろう。もし多くの社会が、観察可能な経験的事実として非常に分裂しているとすると、民主主義への移行は、ミルが正確に見通していた理由によって頓挫《とんざ》するだろう。けれども、分離独立や分割による新国家建設はそもそもむずかしいし、猛烈な対立をともなわずに行われることはめったにない。どうしてそうならないといけないのか、突きつめて考えると不思議だが、人民主権のもとで領土が神聖視されるようになったことと関係しているように思われる。非国家主義的な新たな自決の定義を、民主的な自決権として受け入れるべきだとする議論は、政治的境界が恣意的で偶然に支配されるのはしかたがないと論ずる。したがって求められているのは、憲法上の工夫によって少数民族が差別されることがなく、彼らの利益やアイデンティティが保護されることを保証して安心させることだということになる。

## 少数民族の保護はなぜ失敗してきたか

少数民族の保護の原則を国際社会の基本的ルールとして組み込もうとする大戦間期の最初の試みは、失敗した。理由の一端は、その原則は普遍的に適用されることがなく、国際連盟への加盟の条件として少数民族保護を誓約した条約の締結を求められた国は、ほかの加盟国と異なった待遇を受けたことに、当然ながら怒ったことにある。くわえて、ジェニファー・ジャクソン＝プリースが記したように、その原則は、ドイツ第三帝国が「一九三八年にチェコスロヴァキアを分解し、一九四〇年に南部スロヴァキアとトランシルヴェニアの半分をハンガリーに割譲《かつじょう》させ、スロヴァキアとクロアチアを傀儡《かいらい》国家として建設したことを正当化する」のに利用されたので、まったく信頼性を喪失してしまった。(6) 一九四五年以降は、少数民族に関する国際的関心は、世界人権宣言とそれに付随する国際法上の規定にとって代わられたり包摂されたりするようになった。

冷戦後に行われた第二回目の試みは、限定的ながら意味のあるものだった。一九九二年に「民族的または種族的、宗教的及び言語的マイノリティに属する者の権利宣言」が国連総会で採択され、よってそれは原則としてすべての国家に対して適用されるものであった。市民的及び政治的権利に関する国際人権B規約の二七条で規定されている諸権利に、「少数民族が関係する国家および地域的決定に参加する権利、団体を結成しそれを維持する権利、それに国境内および国境を越えて接触する権利」を加えることによって、それは「国際的な少数民族問題に対する考え方の基礎を形成した。……ヨーロッパ内であれ外であれ、ほかの地域的機関がこの基本規約より優れた規約に合意するかもしれないが、これに劣るものを定めることはできない」[7]。だが強制措置がなかったために、少数民族保護を国際的規範にしようとする努力は、これ以前と比べて大して前進しなかった。そしてこの弱点は、諸国政府が少数民族の分離独立運動や領土回復運動を助長すまいという決意を表すものだった。この規約や類似の規約を子細に検討すると、ソリダリストの方向への国際社会の展開は、それに先立つプルラリスト的盟約へのコミットメントと、明示的なかたちでつりあいがとれた場合にのみ受け入れられることがわかる。

ヨーロッパでは民族自決と少数民族保護との折り合いをつける問題が最初に起こり、EUや欧州評議会や欧州安全保障協力機構（ＯＳＣＥ）などの政治的なレベルで相当程度の進展が見られた。一九九〇年から九五年までのあいだに、相当数の宣言や協定や合意文書をめぐって交渉された。ＯＳＣＥはまた、加盟国のこの分野での実績を監視して予防外交に関与するために、少数民族問題高等弁務官事務所を設立した。だが重要なこととして、たしかにこの少数民族問題高等弁務官は、紛争にいたる可能性が考えられるいかなる状況も調査し、自らの調査結果にもとづいて関係政府に勧告を行う権限が与えられていたが、ひとたび暴力的紛争が発生した場合には現実には活動できなくなる。おそらくその理由は、内戦の調停をすれば、少数民族である反政府勢力と政府の権利が平等であることを認知したものと解釈されるかもしれないからではないだろうか。

一九九三年に欧州評議会は少数民族に関する協定（それは欧州評議会への加盟の如何にかかわらず、すべてのヨーロッパ諸国に開放される）を作成するという決定を下し、それは実施に移されてきた。これとは対照的に、同時に決定された欧州人権条約に少数民族関連付属文書を制定することには、はかばかしい進展がない。諸国政府がこの提案を推し進めるのに消極的なのは、おそらく以下の二つの理由による。一つ目は、少数民族問題の性格に関して知的なレベルで意見の相違があり、それゆえ少数民族問題を克服するのに何が適切な法的手段かについても意見が一致しないことである。少数民族問題が起こる原因は、多数派による差別だと考える人びとにとっては、個人の権利を憲法上保障することで保護し、差別を防ぐための法律を活用することが、通常は必要にして十分な対応であるとされる。他方で、差別に対する保護を求めるだけではなく、少数民族の文化的独自性が保護され、また国家によってそれが強化される必要があることが、問題の本質であると考える少数民族もいる。このような人びとが求めるのは、単なる個人の権利ではなく、集団としての権利であり資格なのである。第二の理由は、欧州人権条約に付属文書を加えると、この問題は完全に脱政治化してしまうだろうが、諸政府は哲学的にどちらの側につくかとは別に、いまのところこの問題が自分の手の届かないところにいってしまわないようにしようと決意していることである。すべての人民にとって自決権とは民主的な自決権のことであると国際的に公に解釈しなおすという、いまのところありそうもないことが起こらない限り、少数民族の主張を正当化しようとするどんな試みのなかにも、諸政府は今後も分離独立主義や領土回復運動という妖怪の姿を見るだろう。

## 先住民族の場合は

逆説的だが、先住民族を代表している諸機関は、この点で注意深く当局を刺激しないようにしてきたからこそ、自決権を先住民族の人権の一つとして確立するのに成功してきたのである。突きつめると、先住民族の定義は少数民族の定義と同じ程度に、しかもほぼ同じ理由により、あいまいである。どちらにも権威ある定義はないが、先住民族の代表者は自分たちは少数民族ではなく、とにかく数の上でも政治的にも対外的な主権を求める立場にはないとはっきりと主張している。

他方で、先住民族は国際社会に自分たちの特殊な立場を承認させることに成功してきた。国際労働機関（ＩＬＯ）一六九号条約は、「環境破壊、強制的移住、外部人民の侵入から保護される権利とともに、先住民族の権利として彼らが占有しまたは使用する『全体的環境』に対する『所有権、および占有権』に言及している。[8] 一九九二年の環境と開発に関するリオ宣言では、「先住民族は持続的発展を達成するにあたって、独自の社会的パートナー」として認知され、諸国家に、この目的のために、「彼らの主体性、文化、利益を認め、正当に支持し、彼らの効果的な参加を可能」とするよう呼びかけている。

以上のような展開は、どちらかというと先住民族は特殊な取り扱いの必要な人びとであったとしても、国連憲章でいう独自の「人民」として彼らの自決権が公に認められたというには不十分なものである。この問題は、一九九三年六月にウィーンで開かれた国連の世界人権会議でも、少数民族の権利の定義と確保をめぐる問題と同様の理由により、論議を呼んだ。しかしながら、先住民族の権利に関する宣言案の三条は、きわめて明快である。

先住民族は自決の権利を持つ。その権利によって、彼らは自由に彼らの政治的立場を決め、自由に経済的、社会的、そして文化的発展を追求することができる。(9)

この宣言が国連総会で採択されたあかつきには、それでもやはり諸国を拘束することはないが、おそらく国際法の「ソフト・ロー」の一部となり、国際的基準の設定過程に影響するであろう。それより重要なことは、たとえそれがそのままのかたちで採択されなくとも、先住民は国際的なフォーラムへ独自の代表を送ることを自分たちの権利として主張しはじめており、その意味では国家による主権の独占状態に挑戦することに成功している。憲法的・外交的規範や取り決めを国際的に推進するという点でユニークなEUを除くと、全般的にはプルラリスト的なこの時代に、拡張された国際社会のソリダリスト的な構想を維持するのにもっとも成功しているのが、実は世界でもっとも立場の弱い人びとであることは、皮肉な現実である。定義をめぐる泥沼を避けることによって、先住民族の代表は大きな政治的利益を得た。しかし以下の三つの点は、彼らの戦いがまだまだ終わっていないことを示している。

第一に、この運動が、ヨーロッパ人が定住した北アメリカとほかの国々の先住民族集団からはじまったのは、偶然ではない。先住民族の多くの集団が征服者に主権を譲り渡したが、その際の条約は、理論的には先住民族が自分たちの土地を保有し、自分たちの伝統的な習慣や制度を維持することを保障していた。この種の条約は、それを破るのが名誉とされたのではないかと思われるほど頻繁にやぶられたことで悪名高い。だが、原住民のなかに欧米的な教育を受けたエリート層が現れ、所有権と自決権を基礎とする政治理論を身につけるようになると、これらの条約が存在していたおかげで、彼らは適切な政治的表現法で、すでに存在していた条約上の資格を基礎に、自分たちの要求を効果的に主張できるようになった。

実際には、これは、むりやり取り上げられた土地に対する賠償を求める要求のかたちをとるのが普通だったが、ここから政治的権利の認知へと進むのに大した苦労はいらなかった。バーシュは、一九八二年の最初の国連作業部会でミクマク族〔Micmaq Nation：北米大陸の北東部、現在のカナダの先住民の一集団〕の代表が、自決とは脱植民地化であるとする慣習的な解釈の弱点を、ただちに露呈させたことを記録している。「われわれは、植民地状況において自決原則を適用する人々をまちがえないよう注意せねばならない。植民化された国の脱植民地化が、入植者にのみ与えられる大権だと考えられるのなら、それは脱植民地化ではなく、残酷な欺瞞《ぎまん》である(10)」。

第二に、インドやアジア諸国からは、それらの諸国のいろいろな部族民（世界の先住民のなかでもっとも多数を占めるが）は先住民という用語で包摂できるという考え方に対して、依然強い抵抗がある。ここでの問題は、いろいろな政治文化は絶え間なく相互に模倣されるものだが、あくまで選択的にそうなるということである。ヨーロッパでは、市民社会（それは私有財産制度に基礎がある）と国家のあいだに不可避的に起こる緊張を解決するのに、主権を分割するという長い伝統が一応はある。間接統治というイギリス帝国の手法や、ブガンダ〔現在のウガンダ内にあった王国で、英植民地下でイギリスの保護領となった〕やバロツェランド〔現在のザンビアにあった王国で、当初は英国南アフリカ会社の、その後は英領北西ローデシアの一部として保護領となった〕のような植民地内の保護領という考え方を実際に受け入れる傾向があった背景には、おそらくこの伝統が潜んでいるのだろう。実際には、国家のなかの国家が、先住民族の自決権要求の大多数が行きつくところであろう。たしかにこれを実現するには、現実には困難な問題があるかもしれないが、もしそのような問題を克服できれば、欧米の政治的伝統に存在する、このような統治機構上の試みを成功させるのは、理論的にも憲法的にも不可能ではないはずである。

## 自決権をもつのはだれか

もちろん、欧米だけが統治機構に関する叡智《えいち》を独占していると考える理由はない。だが民主主義による権力の共有や分立ではなく、君主の最終的かつ排他的な権威というホッブズ的な意味での主権が、帝国主義時代に欧米が世界中に輸出したものとして、もっとも成功したものであった。その結果、いまでは国家主権と領土保全をむしばむソリダリスト的な議論に対する猜疑《さいぎ》がもっとも強いのは、アジアなのである。アフリカでは非常に多くの国が半ば破綻しているが、彼らの声が劇的に小さくなっていなければ、まちがいなくアフリカでも話は同じだっただろう。たしかに一九九四年のジェノサイド以前ですら、ルワンダやブルンジの少数派のツチ族が、多数派のフツ族に、フツ族が名目的には原住民だからという理由で、なんらかの特別な権利を与えることは想像しにくかっただろう。

このような空想的な仮説は、自決権を国内における自治として再定義しようとする運動のもつ、最後の複雑な問題を浮き彫りにする。政治的には少数民族の権利と先住民族の権利を分けて取り扱うことが重要だとしても、実際には先住民族は少数民族に含まれると考えられているのは、明らかである。しかし先住民族のアイデンティティは、契約労働からカジノにいたるまでのありとあらゆる近代の影響によって不可避的に浸食されはするものの、やはり独自の前近代的な生活様式を維持している点にも求められる。フツ族は多数派だったし、彼らの生活様式はさまざまな人種的偏見にもかかわらず、少数派のツチ族（ジェノサイドが起こったときには、その多くと隣り合わせに住んでいた）の生活様式と区別できなかったので、先住民族とは見なされなかった。

この二つのコミュニティ間の危機を解決するには、憲法的な工夫だけでは不十分である。それには意識と自己認識の一大転換が必要であろう。実際一九九四年のジェノサイドは、ある意味では時期尚早で準備不足なのにツチ族とフツ族が権力を分有しようとしたことがきっかけで起こったという主張も一理ある。たとえ、先住民があとから来た移民とは違った独自のアイデンティティと文化を保ちながら移民とともに生活し、両民族の人口がほぼ同じような場合にも、先祖から受け継いだ権利と、自決とは民主的な自治を意味するという新たな自決の解釈との平仄《ひょうそく》を容易に合わせられるかどうかは、明らかでない。

フィジーの先住民族が一九八七年に、選挙で選ばれた（多数派であるインド系住民が支配する）政府をクーデターで転覆した際には、フィジーの国連加盟国としての資格に変化はなかった。だがそのときにインド政府は、コモンウェルス内で白人による少数支配を批判する反アパルトヘイトの急先鋒であったため、フィジーはコモンウェルスから追放された。一〇年後、地域の諸国やコモンウェルス内での長い外交交渉のすえ、フィジーの先住民族と住民全体の権利に折り合いをつけることを目的とした新憲法が交渉され、コモンウェルスに復帰したが、二〇〇〇年の夏には前とまったく同じ理由で、加盟資格が停止された。このエピソードは二通りに解釈できる。ひとつは、一方でエトニーとしての共同体的《コミュナル》なアイデンティティを憲法的手段で保護しつつ、民族というものが、市民的《シビック》なかたちで定義される方向へと向かう一般的傾向を示す兆候であり、したがって結果的に国家の対外的主権が薄まっている、というものである。もうひとつの解釈は、フィジーの事件に対する国際的反応は、ユニークな出来事の連鎖とその圧力の結果であり、そこからは一般的に妥当する教訓をなにも引き出せないとするものである。

フィジーの最初の危機が起きたころには、冷戦による憂うつな制約がかなり緩和されていたにしても、まだ冷戦が終わる前であったが、いずれにせよ一九九〇年代に起こった危機の特徴である大量の難民や、コミュニティ間での殺し合いという事態にはいたらなかった。新たな千年期の変わり目にわれわれが国際社会を再評価するにあたっての最後の疑問は、このような殺戮や大量難民が突きつける問題である。国際社会は、このような災禍の被害者を保護しようとしたとして、もし加害者が被害者自身の国の政府であったり、または被害者と同じ国の人民である場合には、いったい何をするべきなのだろうか。

# 第Ⅳ部

# 介　入

# 10 リベラル国際理論における介入

## 湾岸戦争とコソヴォ空爆の違い

二〇世紀の最後の一〇年間は、国際的介入による戦争ではじまり、それによって終わった。一九九一年一月にクウェートからイラクを排除した「砂漠の嵐作戦」は、アメリカ主導の欧米による軍事作戦だった。とはいえ、それには国連安全保障理事会の全会一致の決議による、国連憲章七章にもとづくマンデート（指示）が与えられていたし、すべての中東諸国は、この地域で欧米にもっとも近いヨルダンが例外だったのは皮肉ではあったが、これを熱狂的に支持した。一九九九年三月に北大西洋条約機構（NATO）が実施した旧ユーゴスラヴィア爆撃は、七九日間におよぶ爆撃のあとに、セルビア人をコソヴォから撤退させることに成功した。これもまたアメリカに主導されたが、今度は国連安保理の決議を経ることなく、相当の国際的な批判のなかで実行された。

湾岸戦争は、当初はイラクの侵攻を受けたクウェートの原状回復が目的であり、人道的理由によるものではなかった。実際、当時戦争に反対していた人びとの多くが、クウェートの人権についてのそれまでの実績は、ほめられたものではないと指摘していた。しかしサダム・フセインが北部のクルド人と南部のシーア派の反乱を暴力的に抑圧したため、欧米主要国は自分たちを支持している諸国を怒らせる危険を冒してでも、戦後この二つのコミュニティに安全地帯を設定する決定をした。イラクの隣国に対する侵略計画が合法的に排除され、こういった決定がイラクに対してなされたのは事実だが、だからといってイラクの主権や領土の一体性が法的に失われたわけではない。この介入の意義は、それが人道的な理由で正当化されたことだけではない。これが「成功」したことによって、冷戦後の雰囲気のなかで、たとえ加害者が当該国の政府であっても、国際社会が安保理を通じて行動して、国内紛争に介入し、継続的な人権侵害の被害者を保護できるようになったのではないかという希望が膨らむことにもなったのである。

当初このような熱い思いは、安保理の欧米の三常任理事国の共有するところであったが、反対論もはじめからあった。そのため欧米諸国は、自分たちのイラク内での行動を正当化するのに、やや問題のある方法ではあったが、以前の安保理決議に頼ろうとした。インドやジンバブエなどの安保理の非常任理事国が、主権国家への内政干渉を正当化するような決議には絶対に反対するだろうし、中国も拒否権を発動するかもしれないということが欧米諸国にはわかっていたからである。

これとは対照的に、NATOはユーゴスラヴィアへの介入は人道的行動であるとして、最初から正当化した。イギリス国防相のジョージ・ロバートソンによれば、この作戦が実行されたのは「現在ユーゴスラヴィアの保安部隊がコソヴォのアルバニア系住民に加えている暴力的弾圧を妨害して人道的大惨事をさけるとともに、そのような弾圧を彼らが将来加える能力を制限するため[1]」であった。しかし子細にみてみると、この二つのエピソードは人道的介入について、理論面でも実践面でも、変化というより連続性を示している。たしかに、コソヴォで国連がかかわったのは、紛争が終わるときだけであったが、他方イラク北部では欧米諸国は、自分たちの行動はクウェートでの戦争の関連で採択された安保理決議六八八号によってすでに授権されていると論じた。しかしより重要なことは、どちらの場合も、国連憲章七章にもとづく新たな決議を通そうとはしなかったことである。というのは、イラクの場合は拒否権が投じられる可能性があり、コソヴォの場合は拒否権が投じられるのは確実だったからである。

## うまくいかない人道的介入

湾岸戦争からコソヴォ危機までの時期、国連はアフリカだけでも一四にのぼる前例のない数の紛争に関与していた[2]。その過半数は国際紛争ではなく国内紛争であった。そしてこういう場所へ国連が介入したのは伝統的な平和維持や平和構築機能と平行してというより、そういった活動を実施するにあたって人道的救援が欠かせなくなったためであった。しかしながら、このような行動のほとんどは国連憲章六章にもとづくマンデートに根拠があった。言い換えれば、紛争当事者の事前の同意に依存しており、これからみるように、厳密には人道的介入には分類できないものであった。これに対してソマリア、ボスニア、ルワンダ、ハイチ、そしてアルバニアなどでの国連憲章七章にもとづいた少数のケースでは、介入する諸国は人道的目的を達するために武力を行使する権限を与えられており、それが成功だったかどうかについて意見は大きく分かれている。(3) ボスニアのケースはこれらの紛争のなかでもっとも長引いたものだったが、戦争が終わったのは、国連から外交的主導権をアメリカが、平和維持活動をNATOがそれぞれ引き継いだあとだった。くわえて、一九九五年一一月にオハイオ州デイトンで開かれた和平会議はアメリカとその同盟国が仲介したものであり、これらの諸国はクライナにおけるクロアチアによる民族浄化を無視しており、この姿勢はおよそ国連の行動がそもそも始められた目的と一貫性のあるものではなかった。

デイトン合意が調印されたあと、一九九〇年代前半にはあれほど注目を浴びた問題、つまり人道的介入の成否やその現実性といったことを、主要国はあまり議論しなくなってしまった。欧米の国民は「同情疲れ」とでもいうべき症状を見せていたといわれる。しかし、ユーゴスラヴィアのコソヴォ在住のアルバニア系住民を保護するためにNATOが行った軍事行動によって、論争が否応なくまたはじまった。ともあれ、NATOの公式の戦争目的は難民を帰還させることとされていたが、ほとんどの難民は爆撃作戦がはじまってからコソヴォから追い出されたというのは、なんともバツの悪い事実である。NATO諸国が人道的な動機から行動したことは、もちろんほかの動機も強力だったことは明らかとはいえ、疑う余地はない。だが依然として疑わしいことは、人道的介入が国際社会で支配的な規範に合致しているかどうかである。この疑問に答えるために、まず国際関係理論のなかでの人道的介入の位置づけを考えてみるのが有益だろう。

## 国際システムの基礎は変わっていない

人道的介入の概念が国際社会の理論と実践のなかで占めている位置は、あいまいである。一見したところ、これは直感に反するかもしれない。というのは、たとえば医学や公衆衛生学などの社会生活のほかの分野では、福祉を増進したりそれにともなって無用の苦しみを少なくしたりすることは、人為的な介入によらねば実現できないからである。自由放任論の極端な提唱者なら、ことによると、社会的経済的進歩は、政府による市場介入を避けることができるかどうかにかかっているという考えに固執するかもしれない。しかし少し考えれば、それは誤りだとわかる。特定の状況下で、福祉を最大化しそうな民間市場と公的介入とのバランスはどのようなものなのかということについては、真剣な知的論議が行われている。しかし経済成長が純然たる自然現象であると真剣に考える経済学者はほとんどいないだろう。介入概念の評判が良くないのは国際関係理論に特有のことなのである。

その理由は謎めいているが、近代の国際システムの基礎にあるのが、主権の原則と、その派生物である領土保全と他国への内政不干渉の原則だからだろう。主権は国際法のみならず外交システムの土台である。経済のグローバル化が進み、現代世界の潤滑油《じゅんかつゆ》となっているマネーがツェツェバエ同様に国境と無関係に飛び交うようになったために、この主権システムは時代遅れになるとしばしば論じられてきた。だが、この議論はあまり真剣にとらえるべきではない。国境を超えて市場が統合されることとは、アダム・スミスからカール・マルクスにいたるあらゆる主要な政治経済学者によって予見されてきたし、たしかにそれによって諸国の政府が主権を行使するのは困難になったのだろう。だが、それによって現在のシステムが何かほかの構造にとって代わるといったことは、まったく起こっていない。とにかく、国際貿易や国際通貨取引の競争条件を整備しようとして設置された世界貿易機関（WTO）のようなルールは、主権国家が交渉し、自ら受け入れたものなのである。よって、国家が国境外で行動すればそれをすべてを介入とみなすのは、単に誤解を招くだけである。問題が生ずるのは、医者が患者の表明した意志に反して治療をはじめたときである。国際社会では国家はわがままな患者で、そこには医者はいない。同様に、介入は、国家の主権的意志に反して行われるときに問題となる。介入という言葉が普通、ほかの政府や武装運動に、その意志に反する振る舞いを強いるための強圧的行動に限定して用いられるのは、このためである。

国家間システムは、自助的なシステムとして近代的なかたちに発展した。ウェストファリアの講和によって、準憲法的な秩序が確立され、それによって宗教戦争は違法とされたが、その秩序はほかの面では非常に緩やかであった。「領主の宗教が領民の宗教となる」という定式は、近代の不介入条項の起源だが、それによれば主権者は、国家理性のための戦争や領土の征服のための戦争までも含む、自分たちが適切と考えるいかなる手段を使ってでも、自分たちの利益を自由に追求できるとされた。グロティウスと彼の流れを汲む学派は、中世的な正戦論の伝統、たとえば他国での抑圧や迫害をやめさせるために介入する権限を国家はもつべきだとする考え方を、延命させた。だがこの自然法的な伝統は、徐々に近代的な実定法の観念にとって代わられた。そして戦争そのものが正義に沿っているための条件を定める開戦法規（*ius ad bellum*）よりも、ヨーロッパの主権者のあいだの戦争における公正な戦いの観念を表している交戦法規（*ius in bello*）を発達させることの方が、より重要な関心事となった。ヨーロッパ外に行くと、たとえば東インドのスパイス貿易を独占しようとする際の、または新世界でアフリカから輸入した奴隷労働力を基礎にプランテーション経済をつくりあげようとする際の、ポルトガルとオランダの競争では、ヨーロッパ列強は開戦法規であれ交戦法規であれ大して守ろうとはしなかった。不介入は、権力政治の体系に合致しているように思われたのである。人道的考慮はめったに語られず、一九世紀末まではそれが内戦に外部勢力を導入するのを正当化するものとは、決して考えられなかったのである。

## リベラルな思想は通用するか

あらゆる政治的行動には競争的な側面がある。だがそれは、正義と秩序に関する何らかの観念に応じて人の住む環境を形づくるための結果をめぐる競争という面だけではなく、それを権威的な方法で行おうとする面もある。なるほど政治を権力から切り離すことはできない。だが、権威がなければ権力は堕落し、正義も秩序もない争いへとおちいらざるをえない。この周知のリベラルな格言によって、向こう見ずな野心家が権力のための権力を追い求めるのを思いとどまったためしはないが、依然として政治や国際関係に関するリベラルな思想の不変の基礎を表現している。しかしながら、その意味するところは、国内と国際の二つの領域で大いに異なる。

国内政治の領域では、主権は慣習的な権利によって、そうでなければ「人民の意志」を反映するよう設計された代表制度のもとで行使される。フランス革命やアメリカ独立革命以来、慣習（その大多数が王朝的なルールによって表現されていた）は、さまざまなかたちの人民主権にますます席を譲るようになった。すでに検討したが、民族自決権の概念には一貫しないところがあって、どのグループがその権利を主張できて、どのグループができないのかを区別する客観的な基準に行きつくことができない。この困難を克服しようとする最近の努力は、一定の既存の境界内における民主的な自治としてこれを再定義することだった。みながこれに同意すれば、これはうまくいくということも想像できない訳ではない。しかし合意があっても、すべての民族的・文化的な状況に適合する民主的なもののやり方をみつけるのは本質的に困難であり、そのため非公式の政治的王朝あるいは（または同時に）代々継承される寡頭的支配層が、多数の国で再び権力の座についている。

この種の現実問題は、それ自身としては国際社会についての伝統的なリベラルなかたちの理解を損なうものではない。統治が慣習によって行われても、またそれが現実のもしくは単に仮想的な代表政府によって行われても、ある観点からみれば、主権にもとづく権力を保持する者は、統治する人民に最終的な責任を負う。民主的な国では、権力者を投票箱によって権力の座から追うことができる。権威主義的な国家では、もし政府が一貫して人口の大多数（不幸なことに少数民族の場合は話は別だが）を虐《しいた》げようものなら、行きつくところこの政権は一般大衆の反乱に直面するだろう。したがって国内では、最終的に自助のシステムを正当化するのは、責任の倫理なのである。

リベラルな思想にとって、国際レベルでの自助原理の取り扱いはより困難である。その理由は、一九世紀の終わりまでは、たいていは自助とはひとたび国境の彼方に行けば、力ずくで領土を奪ってもよいということだと理解されたからである。重商主義の時代には、勝者と敗者がこの世にいるのは当然視されたので、植民地膨張主義はヨーロッパの良心をさして悩ませはしなかった。ゼロサム的世界観はあまり徳性を涵養《かんよう》するような性質のものではないが、世界とはそういうものだと考えられたのである。王朝による統治が原則の世界では、人びとの政治的・市民的権利はせいぜい非常に限られたものであり、多くの国ではそんなものはまったくなかった。よってヨーロッパの諸政府はダブル・スタンダードだという批判を恐れる必要はなかった。

一九世紀のあいだにこれは一変してしまった。西洋の帝国主義は、逆説的にも二つの指導的な民主主義国、つまりイギリスとフランスとによって推進されていた。ある時期には、両国は非西洋世界を囲い込むことを、西洋の支配をダーウィン的な自然選択理論の類推で説明する論理で、正当化できた。しかし社会ダーウィン主義がどれほど都合が良いものだったとしても、それに説得力はなかった。ひとたび、法のまえの平等や、平等な市民権や政治的権利という観念が西洋の宗主国自身で定着すると、植民地の住民に対する差別的な取り扱いは、西洋的な教育や価値観に触れたことによって自分たちの状況をしっかりと理解した植民地主義の被害者だけではなく、帝国主義者自身にとっても、矛盾しているように見えるようになるのは時間の問題だったのである。

## 権力による秩序、法による秩序

ジョン・スチュアート・ミルは、『不介入について（*A Few Words on Non-Intervention*）』のなかで、独立していたアウド（インド北部の現在のウッタルプラデッシュ州）をイギリスが併合したことを擁護している。ミルの議論は、イギリスがアウド周辺の領土を完全に支配したので、アウドの安全保障は事実上イギリスが提供することになってしまい、そういう場合は支配者は国を窮乏状態におとしいれた責任から逃れるために不介入の原則に頼ることはできない、というものだった。ミルの議論が暗に意味するのは、イギリスはアウドの安全を保障することでアウドの支配者の暴政をいわば助長しているわけだから、人道的理由により介入する道徳的義務すらあるということだった。この議論が現代の人道的介入をめぐる論争に当てはまるかどうかについてはあとで議論しよう。ここで留意すべき点は、国内政治では自助の倫理に沿って当該政府が自分たちの行動に責任をとらねばならないことが受け入れられているが、人道的介入の権利を主張する論者のあいだでは、ミルの議論が広く使われているわけではないことである。二〇世紀のリベラルな論者たちの多くはミルの論理に従いたがらないが、それはおそらく人道的動機と政治的下心とを区別するのが困難だからであろう。実際、国際的なレベルでは、不介入の原則は経済問題における無差別の原則同様、一般に正真正銘のリベラルな原則と考えられている。

ミル流の人道的介入問題へのアプローチが閉ざされているので、問題は以下の二つの立場から論じられてきた。ひとつは、諸国政府にはそれぞれの管轄下にある人びとの不可侵の人権を擁護する義務があるという視点であり、二つ目は不介入原則を曲げてでも介入が正当化されるほどの大規模な基本的人権の侵害があるという例外的な場合を認めるという視点である。理論的にはこの二つの立場は相互に背反するわけではない。しかし実際は、最初の立場を強調する人びとは、国際法が国際社会を進歩主義的な方向で発展させるための最重要の手段であると考えるのに対して、法がすべての事態をカバーするのは不可能であり、かつ実に望ましくないと考える人びとは、国際法を国際社会のひとつの重要な制度だとはみなすが、究極的にはいくつかある重要制度のうちのひとつにすぎないと考えている。簡単にいえば、最初のグループは法制主義的パラダイムで考えており、後者は政治的パラダイムで物事を考えているのである。

両大戦間期に法制主義的アプローチが失敗したため、政治の優位、そして国連安保理という制度を通じて果たされる国際秩序に対する大国の特殊な責任が再度強調されるようになった。逆説的だが、二つの新たな国際犯罪、つまり人道に対する罪と戦争犯罪を犯罪行為として違法化したのも、同じ大国だった。また、一九四八年にジェノサイド条約を採択して、ジェノサイドの処罰と防止を国際法における絶対的規範として確立しようとしたのも、これらの大国だった。

一九四五年以降の国際社会は、意図的に国家主権の原則を維持するかたちで再建されたが、この原則を時には無視できるようにもなっていたと論ずることができるかもしれない。とはいえ、一九四九年から一九九〇年までのあいだ、冷戦によるものか、もしくはほかの理由により、不介入の原則が破られる場合でも（実際そういったことはたくさんあった）、それが人道的な根拠によって正当化されたことはなかった。そのように正当化しても説得力がありそうなケース、たとえば東パキスタンのベンガル分離主義者のためにインドが行った介入や、ウガンダの独裁者イディ・アミンを排除するためにタンザニアが行った介入、さらにカンボジアで大量殺戮を行っていたポル・ポト政権に対するベトナムの行動などについても、人道的な理由で正当化されたわけではなかった。むしろ、カンボジアの場合については、欧米の主要国は冷戦が終わるまで、ベトナムがポル・ポトの代わりに据えた政権を正統政権として承認しなかったくらいなのである。一九八九年までには大多数の政府が、世界人権宣言と、それを支える二つの国際人権条約を批准していたが、だからといって諸国の政府が、〔武力不行使と不介入の原則を定めた〕国連憲章二条四項および七項の陰に逃げ込むことを止めたわけではなかった。

したがって一九四五年以降には、国際社会は権力と法とのあいだの不平等な妥協を基礎として、再建されたのである。そこでは、自衛目的以外の武力の行使は、国連安保理の権威でのみ、しかも国際の平和と安全に脅威が存在し、ほかの解決手段がすべて尽くされたと安保理が決定したときにのみ認められる。ジェノサイド条約にも、ジェノサイドはたとえ一国の領域内で実行されたとしても国連憲章七章の行動を正当化するという期待のもとに（この解釈は一度も検証されたことがないが）、安保理に言及した規定がある。言い換えれば、ここで暗に認められているのは、国連の集団安全保障の規定を発動するかどうかは、客観的な基準によって決められるのではなく、また主要大国の国益を無視したかたちで決められるわけでもない、ということなのである。

# 11

# 一九九〇年代の人道的介入

## 機能しなかった平和維持活動

リベラルな介入論の基本的な基準を認めるにしても、冷戦の終焉によってこれが修正されたかどうかという問題は残っている。共産主義の崩壊とソ連の解体は、単にそれをだれも予見しなかったというありきたりな意味ではなく、その影響が世界中に及んだという意味で、世界史的な出来事だった。それに引き続いて世界の多数の地域で激しい紛争が起こり、今度はそれが背景となってかつてないほど立て続けに国連による介入が行われることになった。これら国連の活動の大多数は、伝統的な平和維持活動（ＰＫＯ）と国連憲章七章にもとづく平和執行とのあいだの中間的な活動だった。それらの行動のうち、適切だったのも成功したのも一つとしてないと論ずる人びともいる。[1] しかしながら、政治的解決のための交渉がきちんと完了していた、ナミビア、カンボジア、そしてモザンビークでは、国連部隊は人道援助機関の任務を補強し、政治の安定化に資した。他方で、人道上の大惨事の直接の原因が、政治的合意がまったくないか、あってもそれを真剣に遵守する意志が当事者に欠けていたことにあった場合には、国連による介入は、おそらくプラスよりもマイナスの結果を多く生んできた。

一九九〇年代後半に主要国が新たなＰＫＯを積極的に認めようとしなくなったのには、このような見方が反映している。この時期、国連はずっと財政的危機の状態にあり、その理由のかなりの部分は、アメリカの分担金の滞納にあった。アメリカは、議会が支持しそうもない国連のプログラムに対する支払いを拒否したが、同時にアメリカの影響力低下を招きかねない国連の財政制度の改革にも消極的だった。安全保障理事会の姿勢が消極的になった理由の一端は、このような状態にあった。しかし一九九〇年代終わりごろの国連のＰＫＯ予算を全部あわせても、一九九〇年代はじめに勃発した湾岸戦争二日分の戦費にも満たないのだから、予算上の制約は欧米諸国が新たな国連の行動にみせた消極性（この消極性はＮＡＴＯにはみられない）の説明としては、明らかに不十分である。むしろより重要なことは、ソマリアやボスニアでの紛争が、伝統的な国連憲章六章半のＰＫＯでは解決できないと悟ったこととの関連にある。伝統的なＰＫＯには、当事者の合意が必要とされ、国連が平和構築にも深く関与する場合には、その中立性が求められる。それに対して強制行動の方は、少なくとも介入時点から、危機の責任を負うべき勢力が抑制されるか協力するよう説得されるまで、敵味方をはっきりさせることが必要となる。

あとから考えてみれば、このようなことはわかりきっていたことのようにも思える。あるいは、国連の安全保障分野での新たな役割が試されたのが、よりにもよって世界でもっとも厄介な二つの内戦であったのが、不幸のはじまりだったのかもしれない。旧ユーゴスラヴィアでは、国全体を覆う連邦制度がとり除かれても、後継共和国は、かつての連邦内の境界を、正統な国境と認めようとしなかった。そのため公式には国家間戦争であったもの（それには、サダム・フセインがクウェートを併合したのに対するのと同じくらい強力な対応を要すると論ずる著名な国際法学者もいる）が、いまや激しい内戦の特徴を帯びるようになり、当事者は自分の正義を熱狂的かつ独善的に信奉して、妥協が不可能になってしまった。

その結果、たとえ安全保障理事会が憲章七章に訴えても、それによって国連は、あらゆる当事者が争って民族浄化をする際に起こる最悪の結果を緩和することはできても、それ以上のことができるようなマンデート（指示）を国連部隊に与える決定ができなくなった。セルビア（アメリカは彼らが主たる悪者だとしていた）に対する空爆というアメリカが選んだ戦略には、人道的救援と平和執行を混同しないという利点はあったが、地上部隊を派遣していた国の兵士は、事実上セルビアの支配するユーゴスラヴィア連邦軍によって人質にされてしまう危険にさらされた状態で、放置されてしまった。この危機にどう対処するかをめぐって、欧米主要国のあいだの不一致が表面化してしまったために、国連の権威が損なわれることは避けられなかった。

## ユーゴスラヴィアとソマリア

旧ユーゴスラヴィア問題をめぐる対応の混乱は、この紛争が内戦であると同時に国際紛争の性格も持っていたことによるのかもしれないが、ソマリアにおける国家破綻も似たような結果を生んだ。両方の国で、社会生活の水準が原始的で無秩序的な戦争状態の水準にまで低下したのである。ソマリア危機に対する国際的な対応では、この紛争に国際的な次元はなかったにもかかわらず、最初はアメリカ主導の統一タスクフォース（UNITAF: Unified Task Force）、その後は第二次国連ソマリア活動（UNOSOM II: UN Operation in Somalia II）のもとで、やはり憲章七章のマンデートが枠組となった。だが、ここでは成功の見込みはいっそう低かった。ボスニアでは、対立していたセルビアとクロアチアの両勢力が、それぞれの政治的・民族的な結び付きに合致する状態をつくろうと決意しており、ボスニアのムスリム勢力が不幸なことに、そのあいだにはさまれる状態になった。しかしまったく同じ理由で、ソマリア南部の部族対立では、交渉による解決がむずかしくなった。ソマリアの部族間紛争への外部の仲介がいっそう困難だったのは、いまでも遊牧民からなる国家にあっては、権力争いは領土争いのかたちをとらなかったからである。もちろん領土は遊牧民にとっても死活問題だが、その意味は主権の原理から連想されるような、境界で囲まれた一定の土地を指しているのではない。現地のことわざによれば、「ラクダが行くところはどこでもソマリア」なのである。

リベラルな感覚ではどれほど忌まわしいとしても、領土を分割することは、ボスニアでは最終的な政治的解決の少なくとも基礎にはなった。だが国連がソマリアから最終的に撤退したときの、現地の政治情勢は、介入を開始したときとさして変わらないものだった。ボスニアの分割は民族浄化後の力関係を反映したものだが、この分割はボスニアがまとまった法的人格をもっているという幻想と、国境を書き換えるためのこれ以上の武力行使を国際社会が容認しないというフィクションとを維持するために、緩やかな連邦的構造の枠内で行われたのも事実である。しかしともあれ、この方法でなんとか銃声を鳴りやませることができた。

一九九〇年代前半の介入に関して、国連の失敗ばかりを強調しすぎないことは大切である。ボスニアでもソマリアでも、国連が介在した結果人命が救われ、被害のレベルは下がった。ソマリアでは、NGOは人道的救援を行うために、現地の武装勢力にカネをだして保護を受ける必要があり、そのカネで武器や装備が買われたので結局紛争の火に油を注ぐことになってしまったが、この最悪の悪循環は断ち切られた。国連の介入の失敗は政治的なものであり、人道的なものではない。つまり、働きかけた勢力の目標を強制的に変えさせることに失敗し、その結果主要国は、自分たちの切実な利害がかかわっていないのに簡単には足を洗えそうもない紛争に、まきこまれることを恐れたのである。アメリカでクリントン政権が多角的なPKOに兵員を派遣する際の新条件を設定したことに、そのような態度がよく表れている。この条件下では、派遣されたアメリカ軍はアメリカの指揮下におかれるだけではなく、事前に期限が設定され、最初から出口戦略がはっきりしている活動にしかかかわることができない[(2)]。

## ルワンダとハイチ

事前に政治的解決がなければ人道的介入で内戦を解決できないという認識は、ルワンダでは大惨事という結果につながった。一九九四年の四月に、フツ族が支配する政府がツチ族とフツ族穏健派に対してジェノサイドを開始したとき、国連の平和維持軍は、殺戮の阻止を期待するのが不可能な水準にまで削減された。そのうえ、アルーシャ合意の実施を監視するという伝統的なPKOに要員を派遣すると約束していた一九か国は、合意がすでにやぶられ紛争が激化していることが明らかになると、要員派遣の申し出を撤回した。(3)

このような状況下では、安全保障理事会がルワンダの危機をジェノサイドと認定するのを意識的に避けたとしても、驚くにはあたらないだろう。もしルワンダでの殺戮を、本来の呼び名通りに呼んだなら、介入しないわけにはいかなかっただろう。だが介入したとして、それからどうするのだろうか。この場合には悪者はかなりはっきりしていた。しかし、その悪者であるキガリのルワンダ政府は、人口の約八五パーセントを代表していると説得力をもって主張できたので、ルワンダの社会が民族的な区分によって分裂している限りは、何を基礎にすれば新秩序をつくれるのか明らかではなかった。結局、国連憲章七章にもとづいてフランス主導の部隊がルワンダに送られた「ターコイズ作戦」は、たしかに殺戮を止めさせるのに寄与したかもしれない。しかしフランスは、ジェノサイドをはじめたフツ族の政権とあまりにも関係が近かったので、その後フツ族がツチ族勢力に追われた際、フランスが通常の難民と旧政権の軍や政治指導者とを区別しなかったのは、ことの是非はともかくとして、政治的な動機によるものとみられた。

国連安保理は、ルワンダのジェノサイドを未然に防止することはおろか、それを止めさせるのに効果的な行動すらとれずにいたちょうどのそのころ、選挙で選ばれたがその後権力から追われたハイチの大統領を復権させるための武力の行使を承認していた。この決定にあたって、安保理は「ハイチにおける人道的状況の顕著な悪化、とりわけ不法な事実上の政権による継続的な市民的自由の侵害」にとくに言及していた。[4] つまり史上はじめて、国連は加盟国の政府を変更するために武力を行使したのである。この意味では、前例となる行動がとられていたのであり、国際社会の機能の根拠でありかつ実効的支配を意味するとそれまで解されていた主権の原則に、疑問が付されたことになる。しかしながら、この国連活動を推進したのは、人道主義というよりも、結局のところハイチからの難民の流入を食い止めるというアメリカの国益だった。

### 介入の規範は変わったのか

この章の冒頭で提起した問題に対する解答は、明らかである。たしかに人道的な考慮は冷戦期より政治的に重要になってきたが、もし、より具体的な戦略的・経済的な動機がなければ、国際社会を行動させるには不十分なのである。一九九九年にコソヴォ危機が勃発するまで、国連安保理の行動が消極的だったことは、国際社会の基本的秩序は根本的には変化していないという見解を確認することのように思われる。冷戦後、欧米諸国の政府は人権や民主的価値を奨励しようと先頭に立ったが、このような規範から逸脱した政府の国内問題に介入しようとする意欲は、依然として非常に選択的であり、自分たちの利害が直接的に関係していない場合には、とりわけその傾向が強かった。

コソヴォや東ティモールの危機に対する国際的な反応を一見すると、この結論にはいっそう説得力がありそうである。コソヴォでは、NATOの作戦はロシアと中国に反対されたために、安保理を通じて行動することができず、しかも介入の動機は人道的な目的だけではなく、少なくともそれと同じくらいはNATOの信頼性と当事者能力を維持する必要によるものだった。そのうえ、作戦を成功裏に終わらせるためにはロシアを関与させる必要があることが明らかになったが、そのロシアの国益は当初は軽視されていた。東ティモールでは欧米の主要国は安保理を再び重視しはじめ、極度に悪化していた安保理の評価を回復させるために行動したことはまちがいない。しかし、最終的な評価はまだ確定されていないが、中国の欧米主要国への猜疑心が極度に強かっただけではなく、インドネシアが住民投票に付した条件、つまりインドネシアの軍隊が現地の治安維持のためにとどまるという条件を受け入れたことで、欧米主要国はご都合主義的かつ無責任に振る舞った。インドネシア軍が領土を放棄するのに反対で、現地の民兵組織を訓練して東ティモール独立派へのいかなる権力移譲にも抵抗しようとしたことは、周知のことだった。平和維持軍が編成されたころまでには、これらインドネシア軍が支援した民兵組織は、住民を脅かして服従させようとして混乱を引き起こしていた。ともあれ、コソヴォ作戦の規模と、その最終決着のあり方、そしてその後ただちに起こった東ティモールの危機によって、国際社会における人道的介入の位置づけと、主権という中核的原則が現在どのように理解されるべきかという問題が、否応なしにあらためて問われるようになった。ここでの検討を終えるにあたって、このように問い直されるようになった諸問題を、二つの大きなテーマに分けて検討しよう。ひとつは人道的介入の合法性であり、もうひとつはその実行可能性である。

### 人道的介入の合法性

法的な検討からはじめよう。コソヴォ危機は国際社会を法制主義的な枠組みで見る人びとと、政治の優位を説く人とのあいだの、鋭い対立を浮き彫りにした。両者の論争は、国際社会における法の支配の重要性に関するものではなく、それが国家の主人であるべきか、それとも僕《しもべ》であるべきかに関するものである。

一九九〇年代には、国連安保理は一連の決議によって、たとえばイラク、ボスニア・ヘルツェゴビナ、ソマリア、ルワンダ、そしてアルバニアなどにおける、人道的目的のための武力の行使を認めてきた。しかし、カトリーヌ・ギシャールの指摘するとおり、「人道的事態の被害者が支援を受ける権利と、安保理が軍事的手段による人道的介入を授権する権限をあわせても、それだけでは個別の国家もしくはその集団による人道的介入の権利にはならない」[(5)]。安保理が決議を採択できたのは、その常任理事国の意見が一致し（中国は同意してはいなかったが、拒否権の発動は差し控えた）、そしておのおのの場合で、事態が国際の平和と安全に脅威を構成していると認定したからである。コソヴォではこのいずれの条件も満たされることはなく、国際法が大国の競合する政治的利益に依存し続けていることが白日の下にさらされる結果となった。

このような状況に直面して、国際法学者は以下の三つのいずれかの立場をとってきた。国連憲章の条文の字句に忠実に、ＮＡＴＯの行動が不法であると論じた者がまずいる。この立場をとった論者は、この特定のケースに限った介入賛成論にどれほど倫理的に優れた点があっても、「もし一国もしくは国の集団が一方的に介入することを決めることができると認められてしまえば、……あらゆる種類の主観的主張で介入を正当化する道が開かれることになる[6]」と論ずる。

また、ギシャールは、国連安保理そのものが改革され、「アジア、アフリカ、ラテンアメリカがよりよく代表され、拒否権のある投票制度を特別多数決制度に変更すべきである」と論じている。このような改革は、安保理の決議がよって立つ政治的基礎の幅を広げるとともに、安保理決議の背後にある政治的駆け引きを複雑化させるであろうが、この改革それ自身は、法を政治に優先させることにはならない。また現実には、このような改革に合意しようとすれば、人道的介入をめぐる明示的な基準をつくるために国連憲章を改訂するのと同じくらいの困難に直面するだろう。しかもこれをやってみても、それに必要な手間ひまに見合うほどの結果が出せるかどうかは疑わしい。

最後に、ＮＡＴＯの行動の法的基礎は、一九四五年以降の国家間システムを支えてきた代表性の教義であると論ずる人もいる。マーク・ウェラーは「政府なり事実上の権威なりが進んでその住民を抹殺しようとしたり、住民の生存に必要なものを拒んだり、強制的に居住地から追い出したりした場合には」、人道的行動は正当化されると説得力のある議論をしている。(7) このような状況では、その国の政府が排他的にその国を代表していると主張することはとてもできない。つまりウェラーは、政府と住民の関係を法的に分離する前提として満たされなければならない基準を設定して、人動的介入を限定的に認めようとしており、コソヴォでは一二対三でロシアの安保理決議案が否決されたことが、このような条件が満たされた証拠となるとしている。さらに、東ティモールでは独立を支持する票が九八パーセントにのぼったことは、おそらくこの国連の介入をいっそう正当化する証拠となるであろう。

このような方向で国際社会が実際に進化を遂げるかどうかは、時間が経たないとわからないだろう。しかしながら、政治的な観点からは、これは以下のような二つの問題に直面する。最初の問題は、うまくいった介入を後から正当化するような基準ではなく、介入に先立ってその適否を判断する基準を確立することである。より深刻な問題は、たとえウェラーが根本的分離と呼ぶものが正統な介入を開始する基準として認められたとしても、この理論が成立するかどうかは、個別の介入の実際の結果に決定的に依存していることである。介入が逆効果をもたらした場合には、この法理はもたない。

## 人道的介入の実行可能性

さて、合法性の問題から実行可能性、つまりは政治へとテーマを移そう。NATOのコソヴォでの行動が、それ以前の介入がおちいった二つの矛盾を避けようとしたことを観察することから始めよう。矛盾の第一は手段と目的のあいだの矛盾で、第二は平和維持と強制措置のあいだの矛盾であり、この二つの矛盾は相互に関連している。冷戦終結後まもない時期には、国連安保理はある目標をめざしても、そのための手段を提供しようとはしないという困った傾向をあらわにしていた。この傾向は、主として内戦における平和維持軍の役割がはっきりしなかったことから引き起こされた。コソヴォでは、NATOは当初より、ミロシェヴィッチ大統領がユーゴスラヴィア軍を撤退させるまでは、空軍力の行使をどこまでも強化する用意があると明言していた。コソヴォではこのような平和執行がNATOの目標だったので、中立性をどうやって維持するかという問題は起こらなかった。

しかしより深いレベルでは、これらの矛盾が克服されたかどうかは明らかではない。NATOの作戦に批判的な論者の多くは、合法性の問題以外にも、介入していた諸国、とりわけアメリカが地上軍を投入したがらないことを指摘していた。NATO諸国が、（少なくとも自分たちの観点からは）戦争は危険のないきれいなものでなくてはならないと決意していたことは、民主主義の兵器廠《へいきしょう》たるこれら諸国の弱点を示すものだった。世界中の人道的災禍に対応した国際的介入を求めていたのは、おおまかに言って、マスコミやNGOに影響を受けた欧米諸国の世論だった。だが同時に、民主主義国の政治家が自国市民を、自分たちとは直接に関係のない紛争で危険にさらすのに慎重だったのは、理解にかたくない。

たしかに、たとえNATOが、必要とあれば空軍力に加えて優れた地上兵力を展開するということを、作戦がはじまってから二か月後ではなく、当初からミロシェヴィッチに明らかにしていたなら、セルビアの撤退が実際より早くなったと議論することもできよう。だが、NATO諸国がそうしなかったのは、NATO加盟国のなかには地上戦への参加を拒否した国もいただろうから、その同盟の団結を維持するのが困難になることを避けるためだったということで、おそらく説明がつくだろう。しかし他方、軍事の専門家には地上軍抜きの空爆に賛成する向きはなかったので、NATO諸国の政治指導者たちは、自分たちの目標を追求するうえで非常に大きな損害をユーゴスラヴィアが被ったことに責任を負わなければならない。

平和執行は当面の責任とともに、最終的な責任の問題をも惹起する。迫害を受けている人びとの被害を軽減し、彼らを保護することが、介入開始時点では本質的な目標とみることができる。しかし長期的には、当初の災禍が再現しないように現地社会を再建する必要がある。これはどのようにしてなされるべきなのか。

モデルがないわけではない。カンボジアで、またある程度は権力移譲の過渡期にあったナミビアでも、国連は民政分野の多くの機能を引き受けた。両方のケースで、国連は最初の民主的選挙を組織し監視した。そして、現地で活動を開始するまえにあらかじめ合意されていた内容に従って、国連は撤収した。残念ながらこのモデルは国家そのものが破綻した状況や、コソヴォのように強制された平和を維持するのに既存の権威を人道的災禍への責任ゆえに解体しないといけない場合には、うまくあてはまらない。

## 責任ある「帝国」による再建？

安保理が積極的だった冷戦後の一時期、相当の再建期間が必要とされるような国では、中立的で安定し責任ある行政を提供するために、国連の信託統治を再導入すべきだとする議論もあった。たしかに知的には魅力のある考えだが、これには諸国政府の支持が得られなかった。主要国は、期限がはっきりせずコストの高いことが確実で、おまけにこっそりと帝国主義を再開したと非難されかねないようなコミットメントを避けようとしたのである。

しかしながら、ひとたび緊急事態に対応するとなれば、人道的介入の論理は帝国主義的だという結論を避けることはむずかしい。いったいほかに、どのようにして破綻した社会は再建できるのだろうか。一九四五年に勝利した連合国は、ドイツと日本の政府に無条件降伏を要求したが、それは、歴史の繰り返しを避けるには社会を全体的に改造するしか方法がないと、連合国が信じていたからであった。このケースでは、欧米の主要国の死活的利害が、ことの成否に非常に深く結び付いていたので、てっとり早く引き上げようという誘惑はなかった。ことのなりゆきによっては、コソヴォやボスニアでも、主要国は似たようなことをするかもしれない。しかし第二次世界大戦では最後まで戦い抜くことが当初より了解されていたが、それとは対照的に冷戦後の国際社会の介入では、責任はあくまでも有限だという了解が基礎にあるのである。

帝国なき世界では、責任が有限になるのは不可避であろう。だが、戦後復興の文脈では、このことは明らかに不都合である。ヨーロッパ列強の海外帝国が確立されたのは、べつに植民地臣民の人権を守るためではなかったので、大した考えがあったわけでもなかったが、列強国は専門的な植民地行政機構をつくり、自分たちが統治している社会の言語や文化を理解する男女がそこで働くことになった。国連が人道的危機に対処するために招き入れられ、要員を雇用するときには、必然的に短期雇用になり、かつての植民地行政官と同等の専門性をもつ人は少なくなる。カンボジアでもソマリアでも、国連は現地に関する知識をもたなかったために、冷酷で野心的な現地指導者によって、都合の良いように利用されてしまった。コソヴォでは安保理決議一二四四号によって国際行政機構が設置され、それは約五〇〇〇〇人規模のNATO主導の軍事要員の支援を受けているが、国連が同様の問題をコソヴォで避けることができるかどうかは、ただちにははっきりしない。

内戦で深く傷ついた国で、公平な行政機構を確立しようとする試みには、二つの異なった問題がある。第一は、代理人としての適格性の問題であり、第二は任務の性質の問題である。冷戦後のつぎつぎに人道的危機が起こったペースが速すぎて、国連は必要な資源を自前で調達できなかった。国連に授権された「有志連合」が、湾岸戦争の際に形成され、人道的危機への標準的対応として急速に確立した。しかしソマリアとルワンダでの失敗のあとは、欧米の主要国は自分たちの死活的利害から遠い距離にある紛争に、深くかかわりあおうとはしなくなった。

## 地域主義で解決できるか

現実的な問題として、このような紛争が世界のマスコミの見出しとなり、短期間とはいえ世論を動員することに成功するたびに、このような紛争に引きずり込まれるのを、どのように避けるのかということが問題になった。リベリアでの平和維持活動を立ち上げるに際して、西アフリカ諸国経済共同体（ＥＣＯＷＡＳ）は当初、国連安保理の決議を経ずに平和維持活動を開始したが、これは将来のモデルだとして脚光を浴びた。なるほど地域の主要国は、必要とあれば訓練や技術支援を欧米から得て、自分たちの地域の秩序と正義を維持する主要な責任を負うのが当然だろう。効果的な介入を阻む主要な障害のひとつが、現地の知識が不足していることなら、通常のビジネスや外交が国境を横断した密接なネットワークを形成している地域のレベルでは、全世界的なレベルより、現地の知識不足という問題を克服できる可能性が高いというのはもっともな議論かもしれない。国連憲章八章では、地域機構が国連という世界機構を支えることが構想されている。だが二一世紀はじめの時点で将来を展望すると、むしろ国連が地域機構を支える可能性の方が高そうである。

この種の分析は、ＮＡＴＯがコソヴォにかまけて別の政府当局による犯罪的行動や住民の抑圧が同じように行われている多数のほかの危機を無視しているという、ＮＡＴＯの選択的な態度を正当化するのに援用できよう。この考えに立てば、コソヴォでのセルビアの政策は、そのままのボスニアにおける政策同様、ヨーロッパ諸国の安定、福祉、それに価値を脅かすが、シエラレオネやミャンマーではそれがあてはまらない。同様に、国連が後ろ盾となった東ティモールでの平和維持活動を先導したオーストラリアには、インドネシア諸島の安定に戦略的・経済的利害がある。たしかに悪事が正されるべきだというのは普遍的であるが、それを実行する利害と能力をもっているのは近隣の国家なのである。

この議論には、たしかに一定の説得力はある。人道的災禍の最初の衝撃を、それにともなう難民の流出やその他の社会的・経済的問題のかたちで最初に感ずるのは、やはり近接地域である。亡命制度は、民族浄化や民族集団のあいだの暴力の結果生ずる多数の人口移動を処理するようにはできていない。したがって、危機によってもっとも直接的に影響を受ける国が、それへの対応で主たる責任を引き受けるのは、道理にかなっている。

しかし残念ながら、行動にもっとも積極的な近隣国政府には、介入対象となる国に自身の政治的利害と息のかかった勢力がいる可能性が高いのである。ＥＣＯＷＡＳがリベリアに介入していたほとんどの期間、その加盟国のいくつかがそれぞれ紛争当事者を支援したので、ＥＣＯＭＯＧ（ＥＣＯＷＡＳの監視軍）の仕事は妨げられていた。そして、ついに妥結された和平協定は、それまでリベリアを破壊したとして非難されてきた、主だった軍閥指導者が権力を共有することを基礎とするものになってしまった。ＥＣＯＭＯＧが依拠していた現地情勢の知識は、それまではお尋ね者であったリベリアの軍閥指導者チャールズ・テイラーを、選挙で選ばれた大統領へと変身させる過程で、まちがいなく決定的に重要な要素であった。しかしながら、このように決着をつけるには、政治的・戦略的な考慮を人道的な考慮に優先させる必要があるのは明らかだった。コソヴォでは国連が支援する行政機構が選ばれたのは、おそらくこのような政治的要請と人道的考慮のトレードオフを避けるためだったのであろう。ただ、これが実際にうまくいくかどうかはまだわからないが、現在の見通しは楽観を許さない。

理由の一端は現地の文化の特徴にあるが、より根本的には地域主義では解決できない概念的問題の帰結である。ウィリアム・ハーゲンが論じたように、セルビアによる民族浄化と、ナチによるユダヤ人大量虐殺との類推は誤解を招くものである。「バルカンの民族浄化で求められたのは必ずしも大量抹殺ではなく、むしろ大量強制移動であり、それは報復的殺戮や血の復讐が長年積み重なったことから生まれた血なまぐさい暴力の行使によって、促されるのである」。これは、旧ユーゴスラヴィアの暴力的な政治を昔からの憎悪のせいにするものではなく、新たな行政機構がどのようなものであれ、「血の報復をすることや、大家族のきずなで個人を縛りつけること」が現地の「エスニックなナショナリズムに結び付いている」環境では、その任務は非常に複雑になるだろうということを意味しているにすぎない(8)。

この任務がいかに複雑になるかは、一九九九年八月にNATOと国連難民高等弁務官事務所（UNHCR）のあいだに走った緊張をみれば明らかである。NATOが戦争を戦ったのは、コソヴォでのアルバニア系住民への民族浄化を防ぐことであり、アルバニア系の多数派がセルビア系の少数派を浄化するのを助けることではなかった。よってNATO軍の指揮官たちが中立性を重視したのはもっともなことだった。しかしながら、彼らはセルビア系住民に対して報復的殺人が多発するのを防ぐのには力不足であり、そのため当然のことながらセルビア系の少数派住民が急速にコソヴォ外に脱出しはじめた。一方現地のＵＮＨＣＲが、それぞれの残虐行為を目の当たりにして、その人道的使命にもとづいてセルビア系住民の脱出を支援したのも、もっともなことだった。この場合、この二つの行動それぞれは正しいが、これらを足し合わせればまちがったことになるのは簡単に理解できる。ＮＡＴＯが期せずして、敵であるセルビア側とそっくりなコソヴォ解放軍〔ＫＬＡ：アルバニア側の排外的ナショナリスト・グループ〕がコソヴォでセルビアから権力を引き継ぐように事を進めるのは、人道的介入の観点から見れば危険なことなのである。

# エピローグ

## 国際社会は改善できるのか

新たな千年期がはじまるにあたって、これまでの本書の検討から、国際関係についてどのような一般的な結論が出てくるだろうか。

おそらくもっとも重要なことは、変化よりも継続性の方に重みがあるということである。科学技術の変化のペースは指数関数的に速まっているようにみえるし、イデオロギー的政治運動としての共産主義の解体を目の当たりにしたばかりの世界で、このように主張するのはドンキホーテ的な時代錯誤のように思われるかもしれない。しかし、わたしの考えでは、国際関係における基本的問題(それは主として規範的な問題だが)が、このような変動と同じペースで変化したことを示す証拠はほとんどないし、近い将来そうなる可能性もあまりない。これが、冷戦後の国際秩序が直面した主だった試練を検討するのに、古めかしいアプローチをとった理由である。わたしの考えでは、政治分析の目的は、将来の展開を読むことであるべきではない。未来の予測は、人気を博しても確実に失敗するに決まっている。政治分析の目的はもっと謙虚ではありながらも、同時により重要なものたるべきである。すなわちそれは、本書で論じたようなさまざまな試練を学者だけではなく一般市民も知的に議論できるように、枠組みを構築することなのである。

ここでわたしが採用した枠組みは、国際関係の流れを一連の制度、つまり法、外交、勢力均衡などもろもろの原則の観点から描写するものである。それらの制度や原則のなかには、たとえば主権、領土保全、不介入のように、近代の国家間システムの誕生以来存在してきたものもあるし、自決、無差別、基本的人権の尊重などのように、あとになって付け加えられたものもある。もちろん、この枠組みそのものを問題にすることもできる。だが、それにもかかわらず、この枠組みはなじみ深いもので、理解しやすく、政治の構図をみるために有益な見取り図をもたらしてくれるのである。

こういったものの見方に反対する人は、このような枠組みは時代錯誤的であり、われわれがいま住んでいる世界ではなく、すでに消え去った世界の地図を書いているにすぎないと批判する。しかし問題は、地図そのものというよりも、それをどのように読むか、そして結局はその地図をどう利用して進路を定めるかである。地図の読み方のいちばんむずかしい点を例示するなら、すでに述べた制度や原則の重みはそれぞれ同じなのか、それともそれらは階層的に配置されているのか、そしてもし階層的なら、その相互の関係は固定的なのかといった点がある。そうではなくてそれは可変的だとすると、それはちょうどかつては経済的に重要な幹線道路として家畜を移動するために使われた道が、いまや近道や散策路として、また犬の夕方の散歩道として使われる、草の生えた小道として生き残るようなものなのだろうか。法はこのような具合で最重要な制度になり、主権国家という制度、もっと具体的にいえばかつては法の上にあった大国の意志より優勢になったのだろうか。

本書で主権、民主主義、そして介入を検討した結果、この点でのわたしの結論は、残念ながら悲観的なものにならざるをえない。わたしは、すでに仮想的主権とでも呼ぶべき現象が現れていることに触れた。それは、統治能力や行政的能力の有無にかかわらず、なんらかの既存の歴史的資格を主張できる集団にはみな、法的人格を与えようとする傾向というかたちをとって現れてきた現象である。この展開は、ロバート・ジャクソンが論じた法制度的主権と経験的主権の区別の範囲を越えるもので、単に旧植民地だけではなく、国家一般、あるいは少なくとも大半の国家にあてはまるものである。[1] しかし仮想的主権とは、仮想的リベラリズムへの全般的傾向の、ひとつの現れにすぎない。われわれがこれまで遭遇《そうぐう》してきたその証拠は、多方面にわたる。国連安全保障理事会が高らかに目標を宣言しても、そのための手段はあまり語らないこと、民主的価値を国際的に適用しようとはするが、その際の社会的・政治的条件に真剣な注意を払わないこと、暴政の普遍的な禁止の名のもとに、法を小物の専制者にのみ適用すること、人道的介入にともなう帝国的ロジックを受け入れないこと、などなどである。

これまで見てきたように、国際社会はもともと、自助のシステムとして構想されていた。それはリベラルなシステムではなく、むしろ多くの点でリベラリズムと正反対であり、多くの犯罪や非人道性がこの自助という定式で覆い隠されてきたことはまちがいない。だがこのような国際社会には、少なくとも行動と責任が結び付くという利点はあった。その結果、政治に対する道義的評価が可能になるというよりも、どうしてもそうせざるをえなくなるような条件をつくることができた。国家の当局者は、自国の利益のために行動すると想定され、自分たちが統治する住民に対して説明責任を負うことになった。説明責任は投票箱か、それがない場合には、究極的には反乱によって問われた。国際的な共同行動はめったにとられることはなかったが、それが実行される場合には当事者の合意によっていた。

これとは対照的に、ピノチェト元大統領を訴追することで、チリで反民主主義的な動きが活発になれば、いったいだれが責任をとるのだろうか。また、東ティモールがインドネシアによって不法に併合されたからといって、自決とは脱植民地化であるという慣習的な解釈に反して、結局国連がインドネシア軍に依存するようになる住民投票の工程表が正しいということができるだろうか。というのは、インドネシア軍は、同国で最強の組織であるだけではなく、領土を失うことに徹底して反対していることで知られているからである。そのほかにも、実例をみつけるのはむずかしいことではない。

このような実例の背後には、より根本的な問題がある。それは、そもそも国際社会は改善できるのかというものである。共存のルールによって結び付いている諸国家からなる国際社会の観念と、真の人類共同体への発展途上にある社会として国際社会をみる見方のあいだの緊張それ自体は、新しいものではない。新しいのは、この冷戦後の時代には、国際社会との関連で進歩の意味を問うことに正面から立ち向かわざるをえなくなったことである。

冷戦中は、共産主義も自由主義的資本主義もそれぞれ依拠していた目的論《テレオロジー》を競わせつつも、イデオロギー的分裂で隔てられた両強国のあいだに戦略的な手詰まり状態が成立していたので、結局のところ利益と損失が絶対である権力政治のモデルに国際政治が沿っていることを認めることで、このような問いかけを先のばしにすることができた。冷戦が終わった結果、問題となったのは冷戦を生きのびた側の目的論がより細かく精査されることだけではなく、もっともリベラルな人にすら冷戦中は心ならずも受け入れられてきた権力政治モデルが、グローバルなレベルの規範的な議論の枠組みとして、もはや通用しないことなのである。

唯一の超大国が出現すれば、それは世界的に制約のない行動をとるので、歴史的前例のひとつの解釈によれば、世界帝国が成立しないように遅かれ早かれ対抗的同盟が新たに形成されるとされる。しかし、この種の議論が時代錯誤的だと判断するのに、市場圧力のまえには国家は立ち枯れるという極端な型のグローバル化論を受け入れるまでもない。イデオロギー政治と権力政治のあいだの葛藤を、冷戦のあいだですらなんとか切り抜けてこられた理由には、パワーとイデオロギーの両面があった。よってこの先も、なんの論理の支えもないむき出しの権力政治闘争は、想像できないわけではないが、ありそうもない。

## 見直すべき「進歩」の観念

したがって、われわれは国際社会との関連で進歩の観念を再検討せねばならない。最初に注意すべきもっとも明確なことは、もともとの国際社会の枠組みが形成されたときには、進歩という観念はまったく意識されていなかったことである。というより、国際社会の枠組みは、あの世での救済へのルートをこの世で独占しようとして生じた大殺戮に終止符を打つ、ひとつの方法としてつくられたものなのである。一九一八年になって主権が君主の手から離れて、はじめて救済（といってもいまでは世俗的なかたちでだが）が国際関係の中心的関心として再導入されたのである。このような世俗的救済への関心は、それから二度にわたって強化された。まず一九四五年以後に世界中の人民が経済的福祉を享受する権利をもつという考え方が導入されたことによって。そして一九八九年になると、一般的には基本的人権、より具体的には民主的政治への権利があらためて強調されたことによって。自由主義的な経済管理がこの端に付け加わったという主張もできるかもしれない。ともあれホロコーストやソ連の強制収容所、そしてより最近の民族間や地域間の紛争と大量殺戮を目の当たりにしてしまうと、かかる信念の政治が再導入されたことによって、世界における正義が拡大したとは主張しにくい。

わたしはここで、時計の針を逆に回すことができると言うつもりはないし、またそれを望むべきでないだろう。そうではなくて私が言いたいのは、われわれは進歩という観念に囚われているが、それが何を意味するのかますますわからなくなっているように思える、ということなのである。近代世界はその歴史的な思考様式から容易に逃れることはできない。それは、国際関係に関して問題を孕《はら》み、時には不吉な意味があるときですら、時代の指し示す方向ならばどこへでも導かれていく。われわれが進歩の観念を取り払うことができない理由は、それが民主的政治のよって立つ基礎だからだ。進歩という観念は、民主的政治の倫理的基礎なのであり、ちょうどそれは、諸民族の運命が指導者たちの運命に包摂され、人民の個人としての性格が二義的な重要性しかもたなかったときには、悲劇が政治の倫理的基礎になったのと同じである。保守主義者でさえ、近代政治の進歩主義的語彙を認めざるをえない。ランペドゥーサの偉大な小説『山猫』で、年老いた伯爵は若い甥のタンクレディ同様、それをよく理解していたが、この論理に従わなかったタンクレディは、新たに統一したイタリアの国会議員となるよう伯爵に懇願するが、伯爵はこれを聞き入れなかったのである。仮想的なリベラリズムの世界を予期するせりふのなかで、もし何かが変わらずに残るためには、それは変わらねばならないとタンクレディは述べる。民主国家において、未来のビジョンの競争がない政治は想像できない。いまではもう欧米諸国では、自由と平等の名において提起される相手候補の選挙公約を当然の皮肉をもって受けとめるのは、もはや保守主義者だけではなく、みながしていることである。それでもそれはある限度までであり、そうでなければわれわれは選挙にいけなくなってしまうだろう。

国際レベルでは、政治家が約束を守らなくても、われわれを支え続けるような分厚い社会構造、つまり日常的な儀式が欠けている。そのため、皮肉の必要性はおそらく国内よりも大きいにもかかわらず、皮肉という安全弁をつくるのがよりむずかしい。結局のところ問題になっているのは、国際社会の基本的な仕組みそのものである。もし、その仕組みによってNATOがセルビア人をコソヴォから排除することが許される――あるいは法の解釈次第ではそれが奨励さえされる――一方で、ロシアがチェチェンの民間人を自分の故郷から追い払うことが許されて罰をうけないのなら、力と利益が依然としてすべてに優先しているということになるのだろうか。実際、現代国際秩序の急進的な批判者は、このように論ずるのである。この見解では、国際的規範は、かつてからずっとそうだったように、冷酷な野心家を覆う隠れ蓑にすぎないということになる。

### 道徳をともなったリアリズムへ

議論がここまで来ると、本書の第I部で出会った国際社会の解釈の三つの伝統が共存していることに逃げ道をみつけたい気持ちになる。理論家はここで「革命主義者」のみが国家間システムを根本的に変革する立場をとっているというだろう。リアリストは、道徳的な考慮は外交政策には関係ないとずっと考えてきたので、思いわずらう必要はない。リベラルな合理主義者は国際社会は改善できるが、それは力によるものではないと信じている。残念ながら現実の歴史では、合理主義者はつねにリベラルな力を定義することを余儀なくされてきた。そのためチェチェン危機にあたっては、予想されたとおり、国際社会は軍事的に介入できないし、またすべきでもないと認める人びとからも、経済制裁をすべきだという声がしばしば聞かれた。

これらの伝統的な型の対応は、少なくとも純粋なかたちで提起されると、いずれも納得のいくものにならない。このなかでも革命主義者の未来像にはいちばん説得力がない。彼らの集権的な世界社会ビジョンは、これまで失敗してきただけではなく、意識の発展が個別的な利害を突破するところまで進むとするさまざまなネオカント的な議論は、ますます大ぶろしきを広げたもののように聞こえる。合理主義者の回答、とりわけ制度的な工夫と経済的な圧力の組み合わせでより良き未来をもたらそうという議論は、人間心理の観点からみると説得力がないし、しばしば自己欺瞞《ぎまん》的である。実際、現実離れした合理主義は、仮想的リベラリズムが登場した責任のかなりの部分を負わねばならない。もし欧米の政府が経済制裁の原型である兵糧攻めにもっと注意を払っていたなら、これがイラクやハイチやセルビアを民主化するための手段として有益だと信じるにはいたらなかったであろう。兵糧攻めの目的は結局のところ、城や都市の住民を飢えさせて屈服させることにある。また、インドネシアで訓練された民兵は国連の管轄する住民投票が始まるとあたかも溶けるように姿を消してしまうと、安全保障理事会を説得してしまったのも、こういう地に足のつかない合理主義者であったことはまちがいない。

そこで最後に残ったのがリアリズムである。まったく没道徳的で、深慮《プルーデンス》をもってすら穏健化できない露骨な権力政治としてとらえられるリアリズムは、三つの立場のなかでいちばん説得力のない回答である。しかし道徳が「おまけ」にしかすぎないという考え方は、簡単に批判できるリアリズムの身代わりにすぎない。デイヴィッド・ヒューム、アダム・スミス、その他のスコットランド啓蒙主義の思想家たちが、経験的現実を説明する合理的根拠を探しつつも、道徳的論理の分析にも多大な時間を割いてきたのは、決して偶然ではない。うっかりすると致命的帰結をもたらしかねない重大決定にかかわった者で、リスクや蓋然性を無視できる者はいない。この観点からみれば、深慮こそが美徳である。深慮がなければ、未来のビジョンはすべて、ありとあらゆる危険がともなうユートピアに堕してしまう。

わたしがかくあるべしと考えているリアリズムは、道徳的見地を含むものであり、もしわれわれがそれを無視する場合には大きな危険がもたらされる。リアリズムは単なる権力政治と見なされるべきではなく、人間が自分の行動に責任をもつこと、そしてそれが予期できる結果ばかりではなく、意図せざる結果も生むことを認めるよう求める立場である。リアリズムが人間の条件を進歩主義的というよりも悲劇的なものの見方とより適合するのは、依然として事実である。だがわれわれにとって、道徳的にも意味のあるリアリズムを形づくるのがかくもむずかしいのは、世俗的で民主的な文明、というよりむしろ公共の問題が民主的基準で判断される文明のためなのである。

これをどのように実行するべきなのかは本書の範囲外のことである。だが、それがわれわれの時代の重大な挑戦であることには、まず疑問の余地はない。もし科学者のいうことを信ずるとすれば(そして彼らも多くのイデオロギー的な仮面を被っていることがある)、この地球という惑星はもしかすると滅亡の危機にあるのかもしれない。地球温暖化の結果、今後五〇年間に破壊的な帰結がもたらされると予測する人たちがヒステリーだと決めてかかるのは、グローバルな市場がすべての問題を解決すると決めつけるのと同様に危険である。もし悲観論者の方が正しいとするなら、本書でわたしが論じた人権や民主政治の確立に関する問題など、大したことではないということになる。われわれはいったいどちらの道が現実的か、というよりもほかにどのような可能性があるのか、ということを予見できない。その間、われわれは用心深く、だが希望をもって未来にアプローチする以外に現実的な選択肢はない。今日の政府が直面している悲劇は、その前の貴族主義的政治よりもはるかに大規模なものかもしれないのだが、民主的政治は悲劇的な語彙で語ることができない。短期的考慮が政治を支配し続けるだろう。それこそが民主主義の性格なのだから。だが、われわれは現代では、生きているあいだにも生活のペースが著しく速くなる一方で、われわれの行動の帰結がますます長期的な意味をもつようになってきたことを知っているし、いまもその傾向が続いている。結果として、決定を下した者がその責任をとるべきだとわれわれが考える期間は短期的と見なされているが、実際には長期化してしまった。われわれはこの現実を、どのようにして短期的な視点しかもたない民主的政治と結び付けるのか、その方法をまだ見つけ出してはいない。進むべき道は、われわれの道徳はわれわれの経験を超越してはならない、というヒュームの断言を時代遅れとして無視することではなく、われわれの経験をわれわれが現在直面している道徳的ジレンマにいかに関係させるかということであろう。

# 文献案内と訳者あとがき

本書は、*James Mayall, World Politics: Progress and its Limits*（Polity Press, 2000）の全訳である。また「日本語版へのプロローグ」は、訳者の要請に応じて著者が新たに書き下ろしたもので、原著が書かれてから起こった九・一一テロ、アフガニスタン戦争、イラク戦争などの展開をふまえて、著者が二一世紀の世界をどのように見ているかを記したものである。

著者のジェームズ・メイヨールは、一九三七年の生まれ。ケンブリッジ大学で歴史を修め、西アフリカでの軍役やインドにおける英国高等弁務官事務所での公務員生活を経て、一九六六年からロンドン・スクール・オブ・エコノミクス（LSE）で学究生活に入った。一九九七年には母校ケンブリッジ大学のサー・パトリック・シーリー講座の教授に就任、自身が学んだシドニー・サセックス・カレッジのフェローに任命され、ケンブリッジ大学の国際問題研究センター（Centre of International Studies）の所長も務めた。国際政治学におけるいわゆる英国学派（English School）の代表的学者のひとりである。

その研究分野は国際政治理論や南北問題さらにはインドやアフリカ地域問題を含む多岐《たき》に及ぶが、ナショナリズム研究がよく知られている。主要な著作としては、*Nationalism and International Society* (Cambridge University Press, 1990), *The New Interventionism 1991-1994: United Nations Experience in Cambodia, former Yugoslavia and Somalia* (ed., Cambridge University Press, 1996) などがある。また、雑誌論文として「苦悩するイギリス外交」『アステイオン』六八号（二〇〇八年四月）を邦語で読むことができる。

本書の内容は本文を読めばわかるとおりである。一読すればわかるように、本書を理解するのに、難解な専門用語や最新の国際関係理論の予備知識は不要である。著者は「普通の言葉」で、静かに淡々と語り続けているので、その意味では本書はまったく難解な書物ではない。著者の平易な言葉の背後にあるブレのない判断の重みを味わうのに必要なのは、言葉の深い意味での「コモンセンス」と古典的な教養である。よって本来なら訳者はここで退場すべきなのだろう。

だが北米の国際関係論が圧倒的に優勢になっている今日、ことによると日本の若い読者には、この「コモンセンス」と古典的教養こそが難物なのかもしれない。一般に北米の大学では、国際関係論と、外交史や地域研究は截然《さいぜん》と区別されている。そして国際関係理論は、自然科学的な理論的精緻さをもつ学問として体系化・制度化されてきた。もちろん「北米の国際関係理論」が一枚岩のグループを形成しているのではないことはいうまでもないが、北米の大学市場の競争的な制度的特徴やその圧倒的規模、それにおそらくは知的文化も理由になって、国際関係理論も体系化・制度化が進み、コモンセンスと古典的教養の世界からはますます遠ざかっている。

他方日本の国際政治学は、法学部に設置された政治学の一分野として取り扱われるか、あるいは独立の国際関係学部や学科においても、外交史や地域研究などとの垣根は低く、その意味ではことの是非はともかく、北米的な国際関係理論の占める比重は比較的小さい。だが、北米の大学院教育が事実上世界標準化し、日本でもその理論的影響を受ける度合いが強くなっていることは事実である。その一方で、ジャーナリストなどの実務家の出身者が大学で教鞭をとることも増えており、古典的教養はかつてより軽視されてきていると見るべきであろう。

そこで以下では、本書の理解に資するかもしれない一連の資料を紹介して、読者の便宜を図りたい。もちろんここであげたリストは網羅的でも体系的でもないが、そもそも古典的アプローチの基礎にある教養主義的な態度は、過剰な体系化と専門化を忌避する傾向が強い。そのため以下の文献案内は、いささか風変わりなものに見えるかもしれないが、読者の知的関心を発展させる一助となればと願っている。

まず、国際政治に関する古典的アプローチについては、英国学派の代表的論者であるヘドレー・ブルの有名な論文がある。**Hedley Bull, "International Theory: The Case for a Classical**

**Approach”**, *World Politics* 18: 3 (April 1966). ここでブルは、当時アメリカで推進されていた「科学的」アプローチに対して、古典的な教養にもとづくアプローチを擁護している。これには反論も寄せられ、一連の論争に発展した。このブルの論文を含む主要な論争は、**Klaus Knorr and James N. Rosenau eds., *Contending Approaches to International Politics*** (Princeton University Press, 1969) に収められている。実は英国学派とは、明確な世界観や方法論を共有している集団というより、一定の知的な態度を示す一群の学者たちと理解した方が正確である。そこでは、現象の因果関係に関する仮説を提示してそれを厳密な実証的手法で検証し、知識の蓄積的な発展をめざすのが標準的な学問的手続きであるとされる自然科学や経済学で発展した「科学的」手法への懐疑が強い。人間が主役の国際政治現象については、因果関係の解明によって現象を説明しようとする自然科学的な手法を適用しても、多くの重要な問題意識に十分に意味のある理解を提供できないのではないかと考えられているからである。本書で著者は、主権、民族独立、民主主義、人権、進歩など、われわれがあまりにも当然視しているために、実はその意味やその帰結を知的に問うことを怠っている規範や制度を順次検討し、冷戦終結後のリベラルな世界秩序構想のもつ、困難性や危険性を指摘している。ここで問われているのは、個別的な国際政治現象の因果関係ではなく、国際政治という無政府的な社会を組織し、その危うい秩序の基礎となってきた規範や制度がもっている意義なのである。そのため、歴史、思想、法規範などの伝統的な人文学的教養を重視するアプローチが重視されているのである。

実際イギリスのエリート教育は、伝統的にアマチュアリズムの精神が非常に強く、外交官などの実務家ですら、ラテン語や古代ギリシャ語を勉強したり、西洋古典学の素養を重視してきた。たとえば第二次世界大戦中に情報分析などでイギリスの対外関係を担う仕事をした人びとの知的背景を調べてみると、大学では歴史や哲学を勉強していた人が実に多いのに驚いたことがある。古典的教養は専門職業教育とは違い、実務のマニュアルにはならないが、実はさまざまな分野で応用可能なのだろう。時事的な問題を考える際にも、マスコミで氾濫《はんらん》する時事解説よりも、古典的素養の方がよほど意義のある手がかりを与えてくれるかもしれない。

さて、ブルの言う古典的アプローチを是とする態度は、本書でも遺憾なく表されている。たとえば「政治とは行動科学ではなく、良かれ悪しかれわれわれの下す決断によって結果が異なるというもっとも基本的な信念を反映しているものである。したがって、政治とは究極的には予言ではなく自由にかかわることなのである」（九頁）、「わたしの考えでは、政治分析の目的は、将来の展開を読むことであるべきではない。未来の予測は、人気を博しても確実に失敗するに決まっている。政治分析の目的はもっと謙虚ではありながらも、同時により重要なものたるべきである。すなわちそれは、本書で論じたようなさまざまな試練を学者だけでなく一般市民も知的に議論できるように、枠組みを構築することなのである」（一九九〜二〇〇頁）。以上のような言及は、「科学的」に実証不可能な規範的な問題にも論及しようとする、英国学派の知的態度を雄弁に物語っている。

もちろんこのような知的態度から、具体的にどのような主張を引き出すかは論者によってさまざまでである。だが、国際政治には中央政府が存在せず、それによって国内政治とは決定的に質的に異なった世界であることが、議論の前提とされていることはまちがいない。そしてこの無政府性をどのように理解するのかが、国際政治観の基本的な相違を産んできた。**E・H・カー『危機の二十年――1919-1939』**井上茂訳（岩波文庫、一九九六年）は、一九三九年の第二次世界大戦勃発直前に出版され、国際政治学の黎明《れいめい》期に書かれた伝統的なリアリズムの代表的著作として、依然として文献リストに欠かすことのできない必読文献である。カーはここで、第一次世界大戦後に欧米世界で広がったリベラルな「ユートピアニズム」をきびしく批判した。冷戦後の「仮想的リベラリズム」が、ますます現実離れしていることに警鐘《けいしょう》を鳴らす本書の内容をここで思い出すのは、こじつけではないだろう。もっともカーの評価も一筋縄ではいかないものであることは、近年のさまざまな研究が指摘するところである。これについては、以下の雑誌の特集が有益である。**「特集E・H・カー――現代への地平」**『外交フォーラム』二〇〇九年二月号。また、カーが「ユートピアニズム」としてきびしく批判した論者たちについても、たとえば**デーヴィッド・ロング＝ピーター・ウィルソン『危機の20年と思想家たち――戦間期理想主義の再評価』**宮本盛太郎・関静雄監訳（ミネルヴァ書房、二〇〇二年）で再検討されている。

古典的アプローチによる代表的な国際政治学者として、二〇世紀フランスの知的巨人であるレイモン・アロンがいる。アロンの業績は非常に広範にわたり、共産主義に対して自由主義を擁護した知識人として、時事問題に積極的にかかわったジャーナリストとして、また社会学者としてもその業績は独自の権威を誇っている。そのアロンの国際政治に関する代表的著作は、一九六二年に出版された **Raymond Aron, *Paix et Guerre: entre les Nations*,** Calmann-Lévy, 1962（『平和と戦争』）だが、八〇〇頁近いこのフランス語の大著に邦訳はない。邦語でこの内容に触れるには、アロンの遺稿集として没後出版された、**『世紀末の国際関係——アロンの最後のメッセージ』** 柏岡富英ほか訳（昭和堂、一九八六年）が便利だろう。アロンは、ここで『平和と戦争』で展開した基本的テーゼを再確認し、米ソ冷戦の終焉をみることなく一九八三年にこの世を去った。

「革命主義」、「合理主義」、「現実主義」という本書でも言及されている三つの知的伝統を提示し、種種雑多な国際政治をめぐる議論の基本的な枠組みを提示する、いわばメタ理論を展開したのが、**マーティン・ワイト**による **『国際理論——三つの伝統』** 佐藤誠ほか訳（日本経済評論社、二〇〇七年）である。これはワイトのＬＳＥにおける講義の記録を、彼の死後に弟子たちが中心になってまとめたものであるが、ここでワイトは、古今のさまざまな事象や著作についての博覧強記《はくらんきょうき》ぶりを発揮するとともに、多様な議論のニュアンスを損なうことなく見事に整理している。

「英国学派」の意味するものが、主として古典的な人文主義的知的態度にすぎないにしても、彼らは重要な基本概念を共有している。それは「国際社会」の概念である。国際社会は、単に国家と国家が相互に継続的に作用する場所やシステム以上のまとまりをもった何かであり、その意味で国際システムと区別される。たしかに国際社会には世界政府はないが、それでも一定の規範や基本的制度は存在するとされるからである。**ヘドレー・ブル『国際社会論——アナーキカル・ソサイエテ**

ィ』臼杵英一訳（岩波書店、二〇〇〇年）は、国際社会の概念を精緻に展開した英国学派による代表的著作であり必読文献である。ブルは主権国家からなる社会の方が、超国家的に統合された世界や、国家の枠組みが弱体な中世的世界よりも優れていると論じており、それは「非現実的なソリダリスト的（連帯主義的）要求に対して、伝統的な国際社会のプルラリスト的（多元主義的）価値観を規範として支持する」（3頁）本書の立場に通ずるものである。

なお、「英国学派」に関して邦語で書かれたサーベイとして、以下の文献が優れている。**菅波英美「英国における国際社会論の展開」**『国際法外交雑誌』七八巻五号（一九七九年）、**細谷雄一「英国学派の国際政治理論——国際社会・国際法・外交」**『法学政治学論究』三七号（一九九八年）、**ヒデミ・スガナミ「国際社会とは何か——英国学派の理論的貢献」**（北村治訳）『思想』九九三号（二〇〇七年）。また、**H・スガナミ『国際社会論——国内類推と世界秩序構想』**臼杵英一訳（信山社、一九九四年）および**篠田英朗『国際社会の秩序』**（シリーズ国際関係論1、東京大学出版会、二〇〇七年）は、ともにこの立場で書かれた邦語の優れた研究書である。

さて、本書で示されている内容が、国際政治に関心をもつ日本の読者にとっていささかとっつきにくいとすれば、イギリス的な思想史的素養が当然のこととして前提とされていることに理由があろう。本書でも引用文献として記されている、**J・S・ミル『代議制統治論』**水田洋訳（岩波文庫、一九九七年）の一六章にある民族論や、**デイヴィド・ヒューム『人性論4　道徳に就いて』**大槻晴彦訳（岩波文庫、一九五一年）にある「国際法について」は、いずれも短いながらも深い内容を含んでおり、一読を勧めたい。また、**マキャベリ『君主論』**や**カント『永遠平和のために』**も邦訳が簡単に入手可能であり、小著ながらともに国際政治論の知的伝統を形成する古典的素養を得るのに勧めたい。

しかしながら実のところ、政治学の古典であるホッブズ、ロック、ルソーなどの著作に相当するような、国際政治学のまとまった古典的著作は存在しないのが実情である。というのは、近代政治思想の巨人たちの関心の中心は、国家や権力の存立の根拠を契約論によって基礎付け、自然状態を克服して国家共同体内部での良き生活について考えることだったからである。他方国際政治では、このような思想家たちが克服しようとした自然状態こそが常態なのであって、そのせいか古典的政治思想家たちの国際政治論は、断片的にしか残されていない。そのなかにあって、スタンレー・ホフマンの論文は、ルソーやホッブズといった古典的政治思想家による断片的な記述から、彼らの国際政治観を再構成した見事なものである。**Stanley Hoffmann, "Rousseau on War and Peace"**, in S. Hoffmann, *Janus and Minerva,: Essays in the Theory and Practice of International Politics* (Westview Press, 1987)。

ワイトによると、政治理論において広く認知された古典が政治思想家の手によるものであるのに対して、国際関係理論でそれに相当するのはトゥキュディデスによる歴史である。たしかに伝統的に国際政治学では、理論的に考察するよりも、歴史解釈から何らかの一般的な洞察を引き出そうとする傾向が圧倒的に強かったのは事実である（**Martin Wight, "Why is There no Interna-**

**tional Theory?"** in Herbert Butterfield and Martin Wight eds., *Diplomatic Investigation: Essays in the Theory of International Politics*, George Allen and Unwin, 1966)。そこで、歴史に依拠しつつ国際政治論を展開した著作をここで何点か紹介しよう。なんといっても古来西洋の論者が依拠してきたものに、ワイトの言うとおり、**トゥキュディデス**によるペロポネソス戦史がある。邦訳も何種類かあるが、藤縄謙三（第1巻）・城江良和（第2巻）訳による、**『歴史』**全2巻（京都大学学術出版会、二〇〇〇～二〇〇三年）は、訳注も充実した優れた翻訳であり勧めたい。もちろんこの種の古典によくあるように、この名著は実にさまざまなかたちの解釈がされ、たとえばカナダの優れた安全保障専門家であるウェルチが指摘するように、国際政治理論家が自分好みの国際政治観を都合良く投影させる危険がつきまとう（**David A. Welch, "Why International Relations Theorists Should Stop Reading Thucydides"**, *Review of International Studies* 29: 3, July 2003)。だが、『戦史』をどのように読むにせよ、それが二一世紀に生きるわれわれにとっても洞察の宝庫であることに疑問の余地はない。邦語で書かれた国際政治学者による『戦史』の解釈としては、北米の国際政治理論をふまえつつ古典的なリアリズムの立場に立った**土山實男『安全保障の国際政治学——焦りと傲り』**（有斐閣、二〇〇四年）が優れている。また、**『史記』**や**『三国志』**など中国の古典は、中国の戦略家たちの国際政治観を形成するうえで、非常に強力な伝統であり、おそらく中国の古典に学んだ近代日本の知識人たちにとっても、そしてことによると現代にいたるまでの中国の指導者にとっても重要な教養であることを付け加えておこう。

外交史のすぐれた著作は数多いが、**ヘンリー・キッシンジャー『外交』**上下巻、岡崎久彦監訳（日本経済新聞社、一九九六年）は、自身アメリカ外交を担った経験のある著者の国際政治観が一貫して展開された外交史である。もっとも、第一次世界大戦にいたるまでのヨーロッパ外交の精神を理解するには、**高坂正堯『古典外交の成熟と崩壊』**（『高坂正堯著作集 第6巻』所収、都市出版、二〇〇〇年）の方が優れている。またキッシンジャーによる著作としては、むしろ自身の経験を語った**ヘンリー・キッシンジャー『キッシンジャー秘録』**全5巻、斎藤弥三郎ほか訳（小学館、一九七九〜一九八〇年）を勧めたい。ただ、外交官による自伝としては、**ジョージ・F・ケナン『ジョージ・F・ケナン回顧録』**上下巻、清水俊雄（上巻）・奥畑稔（下巻）訳（読売新聞社、一九七三年）あるいは**ジョージ・ケナン『二十世紀を生きて——ある個人と政治の哲学』**関元訳（同文書院インターナショナル、一九九四年）の方が、思想的・哲学的な深みが豊かである。

ところで、本書で著者は、リアリズムこそが二一世紀のわれわれを導くべきものだとしている。だがここでリアリズムが意味するものは、国際政治は道徳と無関係で、国家は権力と利益を合理的に追求するといった世界観ではなく、「人間が自分の行動に責任をもつこと、そしてそれが予期できる結果ばかりではなく、意図せざる結果も生むことを認めるよう求める立場」（二〇八頁）であるとしている。人は限られた知力と限られた道義的能力で一回限りの限られた人生を生き、それは往々にして不条理で盲目的な運命に翻弄され、最善の努力をしても正しい選択ができるとは限らない。人は本質的に限界ある存在だが、その限界を越えようとする懸命な努力そのものが、かえって災禍《さいか》を招くという逆説もある。だがメイヨールは、それでも自分の選択の帰結に責任を負うことがわれわれに求められるリアリズムではないかと論ずる。

このような立場は「悲劇の感覚」に支えられているのではないだろうか。アメリカの国際政治学者であるレボーによれば、トゥキュディデスの歴史は、実は当時絶頂期にあったギリシャ悲劇に通ずる悲劇として書かれたのではないか、そこでは概念化された知識は、より重要な何かを伝えるための手段にすぎなかったのではないか、と論じている（**Richard Ned Lebow, *The Tragic Vision of Politics***, Cambridge University Press, 2003, pp. 20-1）。ものごとには必ず合理的な解があり、世界は必ずよりよくできるはずだ、という啓蒙主義や進歩主義的な世界観にすっかり慣れ親しんでしまった現代人には、この悲劇の感覚を回復するのは実は容易ではない。

これに触れるには、万巻の社会科学の研究書より古典文学の力を借りた方がよいのだろう。たとえば**ソポクレス**の**『オイディプス王』**藤沢令夫訳（岩波文庫、一九六七年）はどうだろうか。この戯曲は古来多くの人びとにインスピレーションを与えてきたので、その解説も無数にあるが、そのなかでもたとえば**山崎正和「崇高なる傲慢――［オイディプース王］」**『人は役者、世界は舞台――私の名作劇場』（『山崎正和著作集 第3巻』所収、中央公論社、一九八二年）はどうだろうか。さらに、本書でも言及されている、**トマージ・ディ・ランペドゥーサ**の小説**『山猫』**小林惺訳（岩波文庫、二〇〇八年）は、リベラルな進歩主義に棹《さお》さして傲然《ごうぜん》と生き抜いた一九世紀のシチリア貴族の姿を描いた傑作である。これは自身貴族の末裔《まつえい》であるルキノ・ヴィスコンティによって一九六三年に映画化されたので、一見を勧めたい。さらにジャン・ジロドゥの戯曲『トロイ戦争は起こらない』（鈴木力衛・内村直也編『ジロドゥ戯曲全集 第3巻』所収、白水社、二〇〇一年）でも、人と人の世には、分析的な知識では把握しつくせない悲劇的な問題があることを直感できるのではないか。

＊

わたしが本書を翻訳することになったのは、ひょんなことからである。実はわたしは一九八一年から八三年にLSEに留学中、メイヨール先生のセミナーにも出席していたが、先生との個人的接触はまったくなかった。しかし二〇〇五年秋にアメリカ・ポーツマスで行われたとある会議で二〇年以上ぶりにお目にかかり、その翌年からわたしがたまたまケンブリッジ大学で研究休暇を過ごした際には、シドニー・サセックス・カレッジにしばしばご招待を受け、親しくお話しをする機会を得た。オリヴァー・クロムウェルも学んだこのカレッジのダイニング・ホールで、ふとしたことから本書の話になり、日本でも紹介されるべきだと考えて、邦訳の出版はどうかと持ちかけたことが、この仕事を手がけるきっかけだった。

わたしは若いころに共訳チームの一員として翻訳を手がけて、それがいかに労多くして報われることの少ない仕事であるかを知り、ますます時間に追われる毎日を過ごすようになったこともあって、翻訳の仕事は避けてきた。しかし本書の翻訳はたしかに骨の折れるものではあっても、実に楽しい仕事だった。尊敬する著者と長時間にわたってこの書物の内容をじっくり語り合えたのは、若いころにやり損ねたチュートリアルを受けているようなものであった。また、シドニー・サセックス・カレッジでの正餐《せいさん》にお招きいただいていろいろ議論し、食後のポートワインでほろ酔い気分になって、鴨や白鳥の戯《たわむ》れるケム川沿いを歩いて帰宅しながら、本書の内容に思いを巡らせたのも、楽しい思い出である。メイヨール先生はケンブリッジから小一時間の距離にある小さな村で、チューダー朝時代からのすばらしいお宅に、奥様のアヴリルさんとお住まいになっている。本書の内容の最終確認のために、先生の自ら料理された夕食をごちそうになりながら、このご自慢のお宅に泊まり込んで半日語り合ったときには、平凡な人間にすぎないわたしが不思議な巡り合わせで非常に得がたい知的な経験をしているという幸福な思いに満たされた。

翻訳にあたっては、ともかくそれ自身として読める日本語にすることを心がけた。幸い原著者に繰り返し確認を求めることができたので、原著の細かいエラーや解釈上の問題もかなり克服できた。だが、皮肉なことにLSEに留学していた若いころにはむしろ「科学的」アプローチにひかれ、古典の勉強をおこたっていたわたしなので、訳者のわたし自身の古典的素養の不足がたたって、誤解や十分に訳しきれていない部分はあるだろうと覚悟している。

地味な本書の価値を理解して協力してくれた勁草書房の上原正信さんはきわめて綿密な校正作業でわたしの数多くのエラーを修正してくれた。心より感謝している。また、翻訳のチェックでは、慶應義塾大学大学院の白鳥潤一郎君と合六強君の協力を得た。さらに同僚の堤林剣教授からも貴重など教示をいただいた。記して謝意を表したい。日本の読者が重厚な知性を磨くのに、本書がなんらかの助けとなれば、訳者としては幸せである。

田所昌幸

8. William Hagen, 'The Balkans' Lethal Nationalisms', *Foreign Affairs,* 78/4, (July/August, 1999), pp. 52-64.

エピローグ

1. R. Jackson, *Quasi-states: Sovereignty, International Relations and the Third World* (Cambridge, Cambridge University Press, 1990).

7. Jackson-Preece, 'National Minority Rights v. State Sovereignty in Europe', p. 92.

8. R. L. Barsh, 'Indigenous Peoples in the 1990s: From Object to Subject of International Law', *Harvard Human Rights Journal*, 7 (1994), pp. 36-46 より引用。

9. UN Doc. E/CN. 4/Sub. 2/1993/3/26 (1993).

10. Barsh, 前掲論文, p. 36.

**10 リベラル国際理論における介入**

1. Paul Rogers, 'Lessons to Learn', *World Today*, 55/8-9 (August/September 1999), pp. 4-6 より引用。

2. 完全な一覧表は，以下の文献を参照のこと。Marack Goulding, 'The United Nations and Conflict in Africa since the Cold War', *African Affairs*, 98/391 (April 1999), table I, p. 158.

3. さまざまな評価については，以下の文献を参照のこと。Mats Berdal, Whither UN Peacekeeping, *Adelphi Paper* 281 (London, Brasseys for IISS, 1993); Adam Roberts, Humanitarian Action in War, *Adelphi Paper* 305 (London Brasseys for IISS, 1996); James Mayall (ed.), *The New Interventionism: UN Experience in Cambodia, Former Yugoslavia and Somalia* (Cambridge, Cambridge University Press, 1996).

**11 一九九〇年代の人道的介入**

1. 以下の文献を参照のこと。Edward Luttwak, 'Give War a Chance', *Foreign Affairs*, 78/4, (July/August 1999), pp. 36-44.

2. Mayall (ed.), *The New Interventionism*, p. 118 n. 34.

3. Goulding, 'The United Nations and Conflict in Africa since the Cold War', p. 163.

4. 国連安保理決議 940 号，1994 年 7 月 31 日。

5. Catherine Guichard, 'International Law and the War in Kosovo', *Survival*, 41/2, (summer 1999), pp. 19-34.

6. Michael Byers, 'Kosovo: An Illegal Operation', *Counsel* (August 1999), pp. 16-18.

7. Marc Weller, 'Armed Samaritans', *Counsel* (August 1999), pp. 20-2.

*Pinochet, Regina v. Evans and Another and the Commissioner of Police for the Metropolis and Others Ex Parte Pinochet* (*On Appeal from a Divisional Court of the Queen's Bench Division*).

3. *The Times*, 29 March 1999, p. 20.

4. United Nations General Assembly, *Support by the United Nations System of the Efforts of Government to Promote and Consolidate New or Restored Democracies*, A/53/554, 29 October 1998.

5. Henrik Ibsen, *An Enemy of the People*, 1883の第4幕に以下のようなせりふがある。「多数派には力があります。――不幸にして――，しかし正義は持っていませんからね。……少数派が常に正義の味方です」原千代海訳「人民の敵」『イプセン戯曲全集第4巻』（未来社，1989年）235頁。

6. 'Local Interference with Foreign Policy', *Boston Globe*, 9 November 1998.

**9　プルラリズムとソリダリズムを再考する**

1. J. Huizinga, *Homo Ludens: A Study of the Play Element in Culture* (London, Temple Smith, 1970), pp. 110-26. 里見元一郎訳『ホモ・ルーデンス――文化のもつ遊びの要素についてのある定義づけの試み』（河出書房新社，1989年），第5章「遊びと戦争」154-79頁。

2. F. Gilbert, 'The New Diplomacy of the Eighteenth Century', *World Politics*, 4 (1951), pp. 1-38.

3. 以下の文献を参照。D. Baldwin and H. Milner (eds), *East-West Trade and the Atlantic Alliance* (New York, St Martin's Press, 1990), Chapters 4 and 7.

4. International Task Force on the Enforcement of UN Security Council Resolutions, *Words to Deeds: Strengthening the UN's Enforcement Capabilities, Final Report* (United Nations Association of the United States of America, 1997).

5. 以下の文献を参照のこと。David Malone, *Decision-Taking in the UN Security Council, 1990-1996: The Case of Haiti* (Oxford, Oxford University Press, 1998).

6. J. Jackson-Preece, 'National Minority Rights v. State Sovereignty in Europe: Changing Norms in International Relations?', *Nations and Nationalism*, 3 (1997), pp. 347-9.

## 7　歴史上の前例と文化的前提条件

1. Boutros Boutros-Ghali, *An Agenda for Peace: Preventive Diplomacy, Peacemaking and Peace-keeping,* Report of the Secretary-General pursuant to the statement adopted by the Summit Meeting of the Security Council on 31 January 1992 (New York, United Nations, 1992), para. 19.

2. 以下の文献を参照のこと。James Mayall, 'Democratizing the Commonwealth', *International Affairs*, 74/2, (April 1998), 〔なお, 〔　〕内は訳者による補足〕。

3. Anthony Lake, 'From Containment to Enlargement', *Dispatch*, 4/39, (1993).

4. George F. Kennan, *The Cloud of Danger: Some Current Problems of American Foreign Policy* (London, Hutchinson, 1977), pp. 41-6. 秋山康男訳『危険な雲』(朝日イブニングニュース社, 1979年), 58-64頁〔なお, 〔　〕内は訳者による補足〕。

5. Bull, *The Anarchical Society*, part 2, pp. 101-232を見よ。ブル前掲訳書127-278頁。

6. James Mayall, *Nationalism and International Society* (Cambridge, Cambridge University Press, 1990), pp. 25-6.

7. A. H. Hansen, 'Power Shifts and Regional Balances', in Paul Streeton and Michael Lipton (eds), *The Crisis of Indian Planning* (Oxford, Oxford University Press for RIIA, 1968), p. 43.

8. 以下の文献より引用。Stephen E. Ambrose, *Undaunted Courage* (New York, Touchstone, Simon and Schuster, 1996), pp. 188-9.

9. Ernest Gellner, *Conditions of Liberty, Civil Society and its Rivals* (London, Hamish Hamilton, 1994), p. 87.

10. Ibid., p. 188.

## 8　国際法と外交政策の手段

1. James Crawford, *Democracy in International Law*, Inaugural Lecture, 5 March 1993 (Cambridge, Cambridge University Press, 1994), pp. 8-10.

2. House of Lords, Session 1998-9, *Judgment-Regina v. Bartle and the Commissioner of Police for the Metropolis and others Ex Parte*

白石さや訳『想像の共同体――ナショナリズムの起源と流行』(リブロポート，1987年)，90-118頁。

## 5 自　決

1. 'Tanzania's Memorandum on Biafra's Case'. この文面は，A. H. M. Kirk-Greene (ed.), *Crisis and Conflict in Nigeria: A Documentary Sourcebook*, vol. 2, *July 1967-January 1970* (Oxford, Oxford University Press, 1971), pp. 429-39を参照。

2. M. Glenny, *The Fall of Yugoslavia* (Harmondsworth, Penguin, 1992), p. 179. 井上健・大坪孝子訳『ユーゴスラヴィアの崩壊』(白水社，1994年)，327頁。

3. B. O'Leary, 'Insufficiently Liberal and Insufficiently Nationalits', in 'Symposium on David Miller's *On Nationality*', *Nations and Nationalism*, 2 (1996), p. 450 n. 4.

4. H. Beran, *The Consent Theory of Political Obligation* (London, Croom Helm, 1987), pp. 39-42.

## 6 再評価

1. 下の文献を参照。Sally Healey, 'The Changing Idiom of Self-Determination in the Horn of Africa', in I. M. Lewis (ed.) *Nationalism and Self-Determination in the Horn of Africa* (London, Ithaca Press, 1983), pp. 101-3.

2. イタリアの旧植民地をめぐる国連での交渉については，P. Calvocoressi, *Survey of International Affairs, 1947-48 and 1949-50,* (Oxford, Oxford University Press for RIIA), pp. 121-3 and 539-55を参照。

3. Department of Justice, Canada, backgrounder, 27 February 1997.

4. Robert Jackson, *Quasi-states: Sovereignty, International Relations and the Third World* (Cambridge, Cambridge University Press, 1990), pp. 18-21.

5. F. List, *The National System of Political Economy* (1841; tr. Sampson S. Llyod, New York, Longmans Green, 1904). 小林昇訳『経済学の国民的体系』(岩波書店，1970年)。

6. A. S. Milward, with the assistance of G. Brennan and F. Romero, *The European Rescue of the Nation State* (London, Routledge, 1992).

265. 大槻晴彦訳『人性論 4 道徳に就いて』(岩波文庫, 1951 年), 171 頁。

3. Ibid. 訳書 174-75 頁〔なお, 〔 〕内は訳者による補足〕。

4 ナショナリズム

1. Boutros Boutros-Ghali, *An Agenda for Peace*, paragraphs 17 and 18. このテキストは, 以下の文献による。A. Roberts and B. Kingsbury (eds), *United Nations, Divided World: The UN's Roles in International Relations*, 2nd ed. (Oxford, Clarendon Press, 1993), Appendix A, pp. 468-98. 国際連合広報センター訳『平和への課題——予防外交, 平和創造, 平和維持』(国際連合広報センター, 1992 年), 6-8 頁〔ただし訳文を若干変更している〕。

2. J. S. Mill, *Representative Government*, ch. 16. 水田洋訳『代議制統治論』(岩波文庫, 1997 年), 第 16 章を参照。

3. G. W. Hegel, *Philosophy of Rights*, tr. T. M. Knox (Oxford, Oxford University Press, 1979), part 3: Ethical Life, (iii) The State, (c) World History, 藤野渉・赤沢正敏訳『法の哲学 II』(中公クラシックス, 2001 年), 426-27 頁の以下の記述を参照のこと。「文明諸国民が, 国家の実体的諸契機において自分たちより劣っている他国民を (牧畜民族が狩猟民族を, 農耕民族がこれら両民族を, 等々というふうに) 自分達と平等の権利をもっていないという意識をもって, 未開人とみなし, またそういうものとして取り扱い, 彼らの独立性を何か形だけのものとみなし, またそういうものとして取り扱う, ということが生じるのである」。

4. W. I. Jennings, *The Approach to Self-Government* (Cambridge, Cambridge University Press, 1956), p. 56.

5. A. D. Smith, 'Ethnie and Nation in the Modern World', *Millennium, Journal of International Studies*, 14/2 (summer 1985), pp. 127-42 をみよ。

6. Walker Connor, 'When is a Nation', *Ethnic and Racial Studies*, 13 (1990), pp. 82-100.

7. E. Gellner, *Conditions of Liberty: Civil Society and its Rivals* (London, Hamish Hamilton, 1994), p. 113.

8. Ibid., p. 116.

9. B. Anderson, *Imagined Communities: Reflections on the Origins and Spread of Nationalism* (London, Verso, 1983), pp. 50-65. 白石隆・

# 原　注

## プロローグ

1. Samuel P. Huntington, *The Clash of Civilizations and the Remaking of the World Order* (New York, Simon and Schuster, 1996). 鈴木主税訳『文明の衝突』(集英社, 1998年)。

## 1　起源と構造

1. マーティン・ワイトは勢力均衡概念の意味を9つに識別している。The Balance of Power, in Herbert Butterfield and Martin Wight (eds), *Diplomatic Investigations* (London, George Allen and Unwin, 1966) pp. 149-75.

2. 以下の文献を参照のこと。Hedley Bull, *The Anarchical Society: A Study of Order in World Politics*, (London, Macmillan, 1977), pp. 23-52. 臼杵英一訳『国際社会論――アナーキカル・ソサイエティ』(岩波書店, 2000年), 31-70頁。および Martin Wight, *International Theory: The Three Traditions*, ed. Gabriele Wight and Brian Porter (Leicester, Leicester University Press for the RIIA, 1991), pp. 7-24. 佐藤誠ほか訳『国際理論――三つの伝統』(日本経済評論社, 2007年), 9-31頁。

3. たとえば, 以下の文献をみよ。J. Scott Keltie, *The Partition of Africa* (London 1895) および James Lorimer, *The Institutes of the Law of Nations* (Edinburgh, 1883), vol. 1.

## 2　国際社会の近代化

1. Wight, *International Theory*, pp. 49-50. 訳書64-65頁。

2. Ibid. 訳書65頁。

## 3　新たなソリダリズム?

1. 以下の文献を参照のこと。Ernest Gellner, *Legitimation of Belief* (Cambridge, Cambridge University Press, 1974), pp. 1-23.

2. David Hume, *A Treatise on Human Nature*, vol. 2, section. XI, 'Of the law of Nations', (Everyman edition, London, J. M. Dent), p.

ネルー (Nehru, Jawaharlal) 124

## ハ 行

ハーゲン (Hagen, William) 196
パウエル (Powell, Enoch) 97
パスカル (Pascal, Blaise) 28
ハンチントン (Huntington, Samuel) 23
ピノチェト (Pinochet, Augusto) 134
ヒューム (Hume, David) 54, 55, 57, 62, 207
ブトロス＝ガリ (Boutros-Ghali, Boutros) 67, 68, 91, 116, 118, 150
ヘーゲル (Hegel, Wilhelm Friedrich Hegel) 72, 73
ベラン (Beran, Harry) 92, 93
ポル・ポト (Pol Pot) 177

## マ 行

マルクス (Marx, Karl) 171
ミッテラン (Mitterrand, François) 149
ミル (Mill, John Stuart) 72, 73, 95, 96, 175, 176
ミロシェヴィッチ (Milosevic Slobodan) 89, 120
ムボヤ (Mboya, Tom) 120

## ラ 行

リース＝モッグ (Rees-Mogg, William) 135
リスト (List, Friedrich) 113
リンカーン (Lincoln, Abraham) 91, 97
ルイス (Lewis, Meriweather) 127
ルソー (Rousseau, Jean-Jacques) 72
ルナン (Renan, Ernest) 98
レイク (Lake, Anthony) 117
レーガン (Reagan, Ronald) 22
ロバートソン (Robertson, George) 168

## ワ 行

ワイト (Wight, Martin) 35, 47

## ラ　行



## アルファベット



# 人名索引

## ア　行



## カ　行



## サ　行



## タ　行



## ナ　行

## サ 行

# 事項索引

## ア 行



## カ 行

◆著者紹介

**ジェームズ・メイヨール**（James Mayall）

1937年生まれ。ケンブリッジ大学シドニー・サセックス・カレッジ卒業。1966年までインドの英国高等弁務官事務所などで公務員勤務。その後，ロンドン・スクール・オブ・エコノミクス（LSE）教授，ケンブリッジ大学サー・パトリック・シーリー講座教授，同大学国際問題研究センター所長などを経て，

現在：ケンブリッジ大学国際問題研究センター教授，同大学シドニー・サセックス・カレッジ・フェロー。専攻は国際政治理論，南北問題，ナショナリズム論。

主著：*Africa: the Cold War and After*,（Elek Books, 1971）

*Nationalism and International Society*,（Cambridge University Press, 1990）

*The New Interventionism, 1991-1994: United Nations Experience in Cambodia, Former Yugoslavia and Somalia*,（ed., Cambridge University Press, 1996）

「苦悩するイギリス外交」『アステイオン』68号（2008年4月）など。

◆訳者紹介

**田所 昌幸**（たどころ　まさゆき）

1956年生まれ。ロンドン・スクール・オブ・エコノミクス（LSE）修了。京都大学大学院法学研究科博士後期課程中途退学。姫路獨協大学法学部教授，防衛大学校国際関係学科教授などを経て，

現在：慶應義塾大学法学部教授，博士（法学）。専攻は国際関係論，国際政治経済学。

主著：『国連財政――予算から見た国連の実像』（有斐閣，1996年）

『「アメリカ」を超えたドル――金融グローバリゼーションと通貨外交』（中央公論新社，2001年，サントリー学芸賞受賞）

『国際政治経済学』（名古屋大学出版会，2008年）

『ロイヤル・ネイヴィーとパクス・ブリタニカ』（編著，有斐閣，2006年）など。

# 世界政治
進歩と限界

2009 年 3 月 30 日　第 1 版第 1 刷発行
2009 年 9 月 25 日　第 1 版第 3 刷発行

著 者　ジェームズ・メイヨール

訳 者　田 所 昌 幸

発行者　井 村 寿 人

発行所　株式会社　勁《けい》 草《そう》 書 房

112-0005 東京都文京区水道 2-1-1　振替 00150-2-175253
（編集）電話 03-3815-5277／FAX 03-3814-6968
（営業）電話 03-3814-6861／FAX 03-3814-6854
大日本法令印刷・鈴木製本



ISBN978-4-326-35145-9　　Printed in Japan



http://www.keisoshobo.co.jp